北航高研院·法政文丛

埃德蒙·柏克^与英国宪政转型

张　伟◎著

中央编译出版社
CCTP　Central Compilation & Translation Press

图书在版编目 (CIP) 数据

埃德蒙·柏克与英国宪政转型 / 张伟著 .
—北京：中央编译出版社，2015.11
ISBN 978-7-5117-2810-4

I. ①埃… II. ①张… III. ①柏克，E.（1729～1797）－政治思想－研究
②宪法－研究－英国－18 世纪 IV. ① D095.614 ② D956.11

中国版本图书馆 CIP 数据核字 (2015) 第 253025 号

埃德蒙·柏克与英国宪政转型

出 版 人：刘明清
出版统筹：董 巍
责任编辑：王媛媛 侯天保
责任印制：尹 珺
出版发行：中央编译出版社
地 址：北京西城区车公庄大街乙 5 号鸿儒大厦 B 座 (100044)
电 话：(010) 52612345（总编室） (010) 52612363（编辑室）
(010) 52612316（发行部） (010) 52612317（网络销售）
(010) 52612346（馆配部） (010) 66509618（读者服务部）
传 真：(010) 66515838
经 销：全国新华书店
印 刷：山东鸿君杰文化发展有限公司
开 本：880 毫米 ×1230 毫米 1/32
字 数：164 千字
印 张：6.75
版 次：2015 年 11 月第 1 版第 1 次印刷
定 价：26.00 元

网 址：www.cctphome.com 邮 箱：cctp@cctphome.com
新浪微博：@ 中央编译出版社 微 信：中央编译出版社（ID：cctphome）
淘宝店铺：中央编译出版社直销店 (http://shop108367160.taobao.com) (010)52612349

本社常年法律顾问：北京嘉润律师事务所律师 李敬伟 问小牛
凡有印装质量问题，本社负责调换，电话：010-55626985

法政文丛 序

　　晚近以来，中国的法政秩序建构日益成为社会变革的核心主题，自由权利与典章制度如何携手共进，在张力和对峙中求得平衡，在创制与运作中达致中道，关涉一个社会的政治正义之实现与否。然制度为有形设施，必以无形之文明观念与思想体系为其根源。故法政秩序之思考不可局限于单纯制度比较与研判之层面，尚需深入一个政治体的内在发生学与演进论，在知与行的激荡与交融中，发轫制度变革的文明忧思与理论创新。

　　"法政文丛"之构思与展开，源自北京航空航天大学人文与社会科学高等研究院的学术事业。我们在"一年四会"（春季年会：通识教育；夏季年会：儒家政治思想；秋季年会：政治宪法学；冬季年会：知行思想峰会）的年会体系和"法政思想之中西古今"暑期讲习班的基础上，逐渐形成自己的"政治宪法学"与"儒家宪政主义"研究特色，并与中央编译出版社竭诚合作，推出两套文丛，即"法政文丛"和"治道文丛"。前者侧重西学法政秩序原理之研探，后者侧重中学法政秩序原理之钩沉，路径与资源有殊，学术与理想实一。

　　制无美恶，期于适时；变无迟速，要在当可。"法政文丛"旨在贯彻法律与政治交融并进的宏观理论旨趣，以"政治宪法学"为基本学术视野，兼容政治哲学、政治科学、历史法学等关联学科，经略天下，汇通万国，为转型时代的中国之法政思想提供富有生命力的佳构良策。

　　汉密尔顿在《联邦党人文集》首篇曾有如此犀利之发问："人类社会是否真正能够通过深思熟虑和自由选择来建立一个良好的政府，还是他们永远注定要靠机遇和强力来决定他们的政治组织。"我们相信，唯有对法政秩序原理之"深思熟虑"，中国百年政治历史的大变局之"自由选择"，才能获得文明历史的正义之根基。

是为序，以期大成。

高全喜

2014 年 3 月 2 日于北京

目 录

法政文丛 序

第一章　绪论　　/001

　　一、柏克之谜　/001

　　二、自由主义 vs. 保守主义：柏克之形象　/009

　　三、英国宪政转型视域中的柏克　/025

第二章　柏克的生平、著述与时代　　/031

　　一、柏克的生平与著述　/031

　　二、18世纪后期英国宪政转型的基本课题　/039

第三章　政党政治的先声——柏克论政党　　/059

　　一、柏克政党理论的政治背景　/060

　　二、柏克政党理论的主要内容　/071

　　三、柏克政党理论的意义——基于英国宪政转型视角的观察　/079

第四章　帝国与国家利益：柏克的帝国概念　/094

一、"美洲问题"的由来　/096

二、柏克的"美洲三书"　/100

三、帝国治理与国家利益　/111

第五章　财产权、政府与市场：柏克的政治经济学　/119

一、作为经济学家的柏克　/123

二、财产权与政府　/128

三、"自由放任"的柏克?　/135

四、政府权威及其限度——柏克政治经济学另一维度　/141

第六章　传统、平衡与自由——柏克论英国宪法　/158

一、柏克英国宪法理论的形成与发展　/159

二、柏克对英国宪法的阐发　/169

三、"革命的反革命"的政治宪法学

　　——柏克宪法思想的气质　/188

结　论　/198

柏克生平、著述年表　/201

第一章
绪　论

一、柏克之谜

在 18 世纪后半期的英国历史上，埃德蒙·柏克（Edmund Burke，1729—1797）[①]是最为引人瞩目的政治人物之一。美洲革命和法国革命的相继爆发，使得一个革命的世纪应运而生；而柏克正恰与这两场革命都存在极其密切关系，但他对这两场革命的立场与态度之差异却成为思想史上十分令人费解的谜团。对于柏克本人以及其著述言论，誉之者赞为"除培根之外把自己一生献给英国政治实践的最伟大的政治思想家"，或"自弥尔顿（Milton）以来最伟大的人"。[②]但批评者亦不乏其人，且不遗余力。最为令人印象深刻的批评大概要算卡尔·马克思了。在《资本论》中，马克思写道："这个马屁精受了英国君王的贿赂，让他批评法国大革命，就有如他在美国问题的开头时被北美殖民者收买以赞美他们，这个假扮自由主义者对抗英国君王的家伙，只是个彻底下流的资产阶级。"[③]然而，无论是否认同这些或者严肃或者甚至是有些情绪化的评断，只要论及此一时代的政治历史，尤其是宪法史，我们显然无法忽略柏克的存在。马修·阿诺德早已指出："柏克

————————

① 国内亦有译为"伯克"及"博克"者，本文从'柏克'之译。
② John Morley. *Burke*[M]. London:MacMillan Co., Limited, 1923:2–3
③ 马克思. 资本论（根据作者修订的法文版第一卷翻译）[M]. 中共中央马克思恩格斯列宁斯大林著作编译局译. 北京：中国社会科学出版社，1984:823.

第一章
绪　论

一、柏克之谜

在 18 世纪后半期的英国历史上，埃德蒙·柏克（Edmund Burke，1729—1797）[①]是最为引人瞩目的政治人物之一。美洲革命和法国革命的相继爆发，使得一个革命的世纪应运而生；而柏克正恰与这两场革命都存在极其密切关系，但他对这两场革命的立场与态度之差异却成为思想史上十分令人费解的谜团。对于柏克本人以及其著述言论，誉之者赞为"除培根之外把自己一生献给英国政治实践的最伟大的政治思想家"，或"自弥尔顿（Milton）以来最伟大的人"。[②]但批评者亦不乏其人，且不遗余力。最为令人印象深刻的批评大概要算卡尔·马克思了。在《资本论》中，马克思写道："这个马屁精受了英国君王的贿赂，让他批评法国大革命，就有如他在美国问题的开头时被北美殖民者收买以赞美他们，这个假扮自由主义者对抗英国君王的家伙，只是个彻底下流的资产阶级。"[③]然而，无论是否认同这些或者严肃或者甚至是有些情绪化的评断，只要论及此一时代的政治历史，尤其是宪法史，我们显然无法忽略柏克的存在。马修·阿诺德早已指出："柏克

之所以在政治家中显得如此璀璨夺目，那是因为在处理政治问题时，他倾注了他的思想和想象。因此，不论你是否赞同他的观点，他都会吸引你、激发你，并给你带来裨益。"①

本书的任务是勾勒柏克的政治思想与18世纪英国宪政转型之间的内在关联。如果我们把"光荣革命"（the Glorious Revolution）视为现代英国政制（British Constitution）构建亦即现代国家构建的一个开端，而将19世纪英帝国的"日不落"辉煌看作这一现代国家建设基本完成，则其间的这个"长的18世纪"（the Long Eighteenth Century）就是英国现代国家成长之路中最为关键的转型时期。对英国来说，此处所谓的18世纪之转型，就是其现代政制发育直至成熟的过程。在这一转型期内，现代国家的构建虽然涉及到方方面面，诸如政制问题、经济问题、社会问题等等，但无疑，政制的转型是其中最为重要的关键环节。"光荣革命"之后的英国能否在此一关键时期内完成其政治转轨进而成就其大国之道，穿越其历史发展的"三峡"，在"光荣革命"之后特别是18世纪下半期显得尤为令人关注。1688年的"光荣革命"无疑是现代英国宪政史上具有划时代意义的事件，洛克及其《政府论》可以看做是对这一巨变的理论概括与总结。18世纪的英国似乎自此而后坐享太平盛世，然而自1707年苏格兰合并、英伦三岛正式成为大不列颠联合王国之后，却相继经历着丝毫不亚于17世纪的动荡与曲折。特别是到了18世纪中叶以降，接连而至的两场革命——美国革命和法国革命——都牵涉着这个曾经历经革命动荡的王国再次面临生死存亡的挑战。美洲殖民地独立了，虽然有数个世纪的苦心经营；法国革命了，眼看着一场类似的风暴即将降临。然而，英国终于安然无恙，幸免于难，而且最为让世人惊叹的，却是随之而来她在19世纪所成就的

---

① 柏克. 自由与传统——柏克政治论文选 [M]. 蒋庆等译. 北京：商务印书馆，2001:1.

日不落帝国的辉煌。柏克的政治生涯，恰在此间的动荡中孕育、发展、成型，几乎涵盖了此一时期英国宪政演进的最为关键的各个方面。作为该时期内最具影响的政治家和思想家之一，柏克以其对英国实际政治的介入，以及对当代英国政治发展的思考，影响英国政制发展至巨，不仅紧密地关联着、而且更为直接地推动着这一政制的转型，指引着并预示着未来英国宪政成熟的方向。借用一位评论家的话①，我们甚至也可以如此来描述埃德蒙·柏克之于英国现代政治发展中的地位：在18世纪的英国政治历史上，洛克、休谟乃至斯密等人的伟岸身影遮挡住了地平线，恰如行走在山间走得越远就越能越过最近的山峰，看到为它所遮挡住的远处的峰岚，也许有越来越多的人已经注意到，在上述巨人的背后，显露出埃德蒙·柏克的身影来，且愈加高大。它是依然半隐半露着的顶峰，是绵延伸展的山脉的神秘纽带，几条最为充沛慷慨的河流从那里发源，就近干渴的欧洲今天正在痛饮它们的水。应该将他，埃德蒙·柏克，与洛克、休谟、斯密等并列，也许还是这其中最为重要的一位。发掘柏克的政治思想与英国此一时期的政制发展之间的关系，不仅是理解柏克政治思想的意义的要求，而且对于理解英国宪政何以能经由18世纪的曲折而成就大英帝国19世纪的"辉煌"极具启示意义。

以埃德蒙·柏克为代表的英国宪制发展之路，对于处于现代政制转型进程的中国亦极具意义。近年来，高全喜教授多次在其著述以及讲演中提出了"早期现代"这一命题。在高教授看来，这是一个大致从西方15世纪末16世纪初叶到18世纪末19世纪初，前后大致三四百年左右的时期。在这个历史阶段，西方主要的早期现代国家如西班牙、荷兰、英国以及法国，尤其是英国和法国，从封建制的丛林

---

① 安德烈·纪德. 关于陀思妥耶夫斯基的六次讲座 [M]. 余中先译. 北京：广西师大出版社，2006:1.

中构建起来，担当起现代政治的发动机。高全喜教授认为，这样一个早期现代政治与现代社会的发育、演变与成熟的过程以及机制，与中国现代社会的构建具有历史逻辑的同构性，这一逻辑同构性并非指时间上的同构，而是政治逻辑的同构。即当代中国被迫纳入现代社会的发育轨道上来面临的国家建构任务和早期现代时期西方主要国家所面临的政治建设任务的性质是一致的。只有从这一视角出发，才能真正明白当下中国的历史变迁格局和定位，明白中国当代的现代政制建设或国家建设使命，也就是中国现代性发育并不断成熟的最为核心的问题。① 对高全喜教授的这一"早期现代"命题，笔者是十分认同的。窃以为，对于这一"早期现代命题"的阐发，可以从多个角度展开，但大体上分中西两个维度。不仅要明确西方早期现代历史演进的宏观背景，而且要勾勒中国现代政治发展的脉络。对于后一个方面，近年来学界作出了相当的努力；但是对于西方早期现代的历史变迁，特别是其中最为关键的宪政发展经验，学界少有实质性突破。所以，笔者在此从柏克与英国 18 世纪政制转型的关系切入，在柏克思想研究之外的另一个更为深层次的冒险就在于以此来展示英国在早期现代时期政制发展的一个侧面，进一步为西方早期现代的政治成熟提供一个可供立论的参考坐标。

之所以着眼于英国的政制转型，因为，从实际历史的发展来看，英国是欧洲也是世界历史上第一个完成现代政制建设任务的国家。陈思贤教授曾经这样来勾勒现代英国的渊源：

不列颠于公元第一世纪时被罗马纳入其版图，而也从此开始

① 关于早期现代的大致节点和要津，参见高全喜. 西方早期现代的思想史背景及其中国问题 [J]. 读书，2010(4):25-35.

其拉丁化、文明化的过程。罗马衰亡后，盎格鲁－撒克逊人代之入主英伦，建立了所谓的"英格兰"文明，并也在基督教的洗礼下加深了与欧陆的关联。1066 年"诺曼征服"后，封建时代随着诺曼王朝登陆不列颠群岛；但随着社会经济的变迁及战争或其他缘故，贵族逐渐凋零，而专制王权在 16 世纪以后趁势兴起。本书的主题即关于"政治思想与历史变迁"；所指的历史背景就是都铎王朝的伊丽莎白女王之后直至 18 世纪末的两百多年，而企图从思想的角度辅助说明英国人在这段决定往后欧洲各民族优劣态势的关键时刻——也就是所谓的"近代初期"——酝酿出三次争取"自由"的"共和"革命，因而领先群伦成为 19 世纪在政治发展舞台上最耀眼的明星，也无怪乎它在该世纪的国力达到顶峰。①

无论现代英国的成熟是否经历了那些共和的革命，但确定无疑的是，在 19 世纪之前的英国经历着一场全方位的现代转型，即决定其后欧洲各民族优劣态势的关键时刻的早期现代的转型。在这一转型过程中，政制的转型或者宪法的转型是其中的核心。而英国正是此一时期政制转型的典范。哈佛大学教授威廉·班尼特·广罗（William Bennett Munro）曾这样概论英国宪政之于政治学的重要性：

> 自由政制的治术是盎格鲁诺尔曼种族对于世界文明的最大贡献。本来世界文明，以构造论，最为复杂；因之，现代文明种人常从殊方异国得到各种文化渊源。譬如，宗教来自东方；字母来自埃及；代数来自摩尔人；艺术与文学大概来自希腊；法律来自罗马；诸如此类，不一而足。唯有关于政治组织中之基本概

---

① 陈思贤.西洋政治思想史：近代英国篇 [M]. 长春：吉林出版集团，2008:139.

念，现代文明种人在事必须求教于英国的宪政制度；于是在世界各国宪法中往往有许多通名与术语，除却引用英国政治的理论及实际所有典故外；无从解释明白。平心而论，代议政治并非始创于英国；但使我们追论此项政治在各国中之进展过程，我们即不免失望。因为首创此制的一切国家并不能令其有继续发展机会。卒之，只有英宪能成各国宪法之母；英吉利巴力门亦成各国所有巴力门之母。不管巴力门的名称在世界各国中如何立异，例如，Congress，Chamber，Reichstag，Rigstag，Storthing，或Sobrange；他们在实际上都具有这位母亲的肖像。诚如是，我们虽谓在盎格鲁诺尔曼人的领导下所产生现代世界的平民文明实为政治学上之最显赫事实，亦不为过。倘若不明此旨，学者即不能领会政治学中之玄要。①

而在 18 世纪，正是英国政制发展的关键时期，柏克政治生涯的全过程恰好与此一时期重合，那么通过柏克的政治实践和政治思考，就为更加立体地来呈现和揭示西方早期现代时期的政制转型的图景成为可能。

进一步言之，这还牵涉到政制或者宪政与经济发展的关系问题。与我们通常所知的所谓经济基础决定上层建筑的意识形态经验或者直觉相反，英国现代社会的变迁向我们展示了一个完全不同的历史。我们将会发现，那种认为是英国工业革命导致英国崛起并成为经济力量最为强大的国家——日不落帝国——的观念无疑是过于简单了。事实上正是英国现代政制的成熟，才为英国的大国地位奠定了最为坚实的

---

① William Bennett Munro. *The Governments of Europe: With a Supplementary Chapter on the Government of Japan*[M].3rd ed. New York : The Macmillan Co., 1947. 转引自戴雪. 英宪精义 [M]. 雷宾南译. 北京：中国法制出版社，2001:1.

基础。陈思贤教授指出：

> 欧洲文明从传统过渡到现代是一个痛苦挣扎的过程。大凡一个社会要产生基本的变化，常须全体成员均经过"动员"的过程方能成功；而近代欧洲人所经历的两次"动员"——文艺复兴与宗教改革——均深深地刻画了他们的心灵，使他们向中世纪告别，而迎接"摩登"时代的来临。就如上述所言，英国人在这方面拔了头筹：在政治上，成功的议会民主使得中间阶级的要求得到了纾解；在科技工艺上，工业革命也是首先在英伦如火如荼地展开；而在经济及海外贸易上，它较早成型的资本主义常令他国艳羡并且是积极仿效的对象。而这一切蓬勃的发展其背后之助力可能大部分要归因于斯图亚特期间的转型与汉诺威的发展；转型乃指朝廷的纳入国会——所谓"国会中的国王"——而使政府成为一个理论上以反映社会结构为目的之政治机器，而发展乃指社会在整个政治机器的推动下从农业社会走向工业社会。[①]

当然，笔者的这些思考，是着眼于中国的政治问题的。也正是试图通过这样对 18 世纪英国政治发展史的一个具体政治人物的思想剖析，来为中国未来政治建设寻找若干启示，或者更为具体地说，来揭示未来中国现代社会建设发展所必须要完成的宪政建设任务。因为 1840 年以来的中国开始了其穿越现代性构建的"历史三峡"的征程，其最为核心的历史使命和任务乃是一个现代政制／法治的构建。中国与西方的遭遇，触发的是中国社会"三千年未有之变局"，所谓"观

---

① 陈思贤 . 西洋政治思想史：近代英国篇 [M]. 长春：吉林出版集团，2008:139–140. 对此，我们不但可以从王建勋《宪政与发展》的研究中看到类似的结论，而且可以在杨小凯先生晚年对中国经济史与宪政问题的苦思之中找到更为详尽的分析。

今日之世变，盖自秦以来，未有若斯之亟也"。① 为避免亡国灭种的末路，"变法图强"成为先进的中国人为之奋斗的目标，如何构建一个现代国家、寻找一条强国之路的思考与实践，一直成为一百七十多年来中国历史的主题。由于中国现代性之触发的外部因素，决定了我们在现代性构建过程之中必须借鉴、引进、吸收、内化在西方成长起来的现代政制建设的思想和制度资源。按照高全喜教授的说法，即我们中国处于一个现代的公民社会、市民社会、商业社会的构建时期，目前，一个自由的市场经济和自由的政治秩序都还没有良性地建立起来。这是西方早期现代面临的最主要的问题。早期现代的几个重要主题，归纳起来大致包括与现代的主权国家、自由个人、市场经济对应的三个秩序——公共的政治秩序、心灵的秩序即宗教的高级法、世俗的秩序即市民的经济社会，——我们当今都还没有彻底解决，还处在一个草创时期。而在这个时期，西方产生的一系列伟大思想家所思考的，都是与此相关的问题。因之，在中国同样面临转型的关键时刻的今天，从源头来挖掘于此一进程最关键时期内与之关系紧密的政治思想资源，无疑能够给我们带来有益的启示。基于此，虽然日本社会学者富永健一认为中国的现代社会建设是一个传统社会的现代化和现代社会的自反性现代化同时存在的双重现代化格局②，但是，在笔者看来，如果不立即开始启动早已承诺的政治现代化进程，没有这个基础的政治结构前提，所有的发展、所有暂时繁荣的虚幻，都最终将变成"浮云"，渺不可及，也注定是不可持续，必将破产、幻灭的悲剧。从这一前提出发，虽然中国需要告别激进的暴力革命循环，但是对于中国的大国理想而言，一场政治观念与实践的革命即从宪政的层面上实现从非常政治向日常政治的转轨不仅是最为关键的，而且是最为迫切的。

---

① 严复.论世变之亟.载黄克武主编.中国近代思想家文库（严复卷）[M].中国人民大学出版社，2014.
② 参见富永健一.日本的现代化与社会变迁[M].北京：商务印书馆，2004.

二、自由主义 vs. 保守主义：柏克之形象

（一）自由主义、保守主义抑或资产阶级？

从文学上看，18 世纪是约翰逊世纪；而从政治上观察，18 世纪则是卢梭世纪。① 柏克似乎了然无痕。不仅如此，虽然后世诸多研究者对柏克多有留意，但留给我们的柏克形象与其说是愈加清晰，不如说是愈加模糊难辨，如果不是完全匿而不见的话。

在整个 19 世纪乃至 20 世纪初期，柏克被视为是一位自由主义者。人们视之为团结同胞和反革命潮流相抗衡的英雄，保卫了英国宪法和帝国，并且塑造了维多利亚时代的政府体制。人们相信，其对王室腐败的抨击巩固了 19 世纪中叶的君主立宪制。他们还对柏克确立政党政府的努力钦佩不已，似乎预示着后来两党制的崛起。柏克似乎拥有某种先知的心灵，预知着未来历史前进的方向。这一解释进路一般被称为"辉格党史观"，在这一解释传统中，柏克表现为一名自由 / 功利主义者。亨利·巴克尔（Henry Buckle），约翰·莫利（John Morley），莱斯莉·斯蒂芬（Sir Leslie Stephen），威廉·莱基（William Lecky），查尔斯·沃恩（Charles E.Vaughan），埃利·哈维（Elie Halévy），约翰·麦凯恩（John MacCunn）等人关于柏克的研究就是代表，他们均把柏克置于一种经验的、实用的和功利的思想传统；莫利（John Morley）的《柏克》则是这一解释流派最有影响的例子。在《柏克》中，莫利指出：（柏克）把已经死亡的辉格原则从坟墓中挖掘出来，赋予新生命，而这生命在我们这个时代却闪烁不定以至于永远熄灭了。② 莫利认为，柏克推翻了"政治……属于道德的范畴这一有害的迷信"。在为《大英

---

① Russell Kirk. *Edmund Burke:A Genius Considered*[M].Sherwood Sugden & Company, 1988:20.

② John Morley. *Edmund Burke: A Historical Study*[M].London:MacMillan and Co.,1867:10.

百科全书》撰写的"柏克"词条中，莫利写道：从来没有人比他更成功地运用思想家的普遍观念来评断政治家的特殊问题，没有人对实际政治这样体察入微，同时又记得，这些政治细节只有依靠广泛的政治哲学概念的协助才能了解、处理。[1]

20世纪上半叶是柏克研究甚至是柏克声誉的低潮时期。弗兰克·奥戈曼（Frank O'Gorman）认为这几乎是其19世纪声名如日中天的某种反动。因为对其生平的考察以及对18世纪后半期政治体制的细节分析表明，柏克并非是一位19世纪自由宪政的先知，毋宁是在重建旧辉格党人在"光荣革命"之际确立的宪法，而且在他看来，乔治三世及其顾问违背了它。塑造新的预示着未来宪政发展的政制形式从来就不是柏克的本意，他希望捍卫和保护的是18世纪的贵族世界。事实上由于深陷当时的政治斗争，对于英国宪法的未来发展他也无暇虑及。他只是一个实践的政治家和宣传家，而非阐述某种体系哲学的思想家。党派利益和偏见与其对正义和公正的追求在形塑其思想过程中同等重要。尽管如此，柏克的自由主义形象并未褪色。[2]拉斯基（Harold Laski）依然指出：没有一个英格兰政治家曾比他更稳定地由广泛细节中走向这些细节牵涉到的原则。……对永恒的政治原理，他有一明确的眼光，他知道，假如一个理想还要有长远的影响，就必须附在国会的法案身上。他虽然承认政治必须依靠权宜，但他从不忘寻找坚实的理由来说明为何权宜应经由他所见的公理的认可。[3]

柏克的自由主义形象得到实质性改变是在"二战"之后。正是从"二战"开始，西方（主要是在美国）出现了对柏克的研究的复兴以及对柏克思想新的解释转向。之所以在此时出现柏克研究的复兴，很大程度上和柏克的私人文件对学界的开放有关；而对柏克思想作新

① 《大英百科全书》第十一版，John Morly 撰写的"柏克"词条。
② Frank O'Gorman. *Edmund Burke: His Political Philosophy*[M].London:Routledge,2004:8–9.
③ H.J.Laski. *Political Thought in English from Locke to Bentham*[M]. New York: Holt and Company ,1927:173–174.

的解释，则是美国新保守主义势力努力的结果。对柏克思想的新保守主义解释对自然法的聚焦与阐发成为"二战"结束之后的将近二十年内柏克研究的极其强劲的推动力，虽然其努力并不为英国的学界所接受。与前述功利主义的解释不同，新崛起的美国新保守主义研究者认为，柏克所继承的一种古典的和基督教的自然法概念使他获得了关于世界、人类以及政治之最高规范的看法。他们认为，柏克实际上是一位基督教哲学家，同重估欧洲文明的传统宗教和社会原则的无神论雅各宾主义的恶魔作斗争；与之相应的，他们自己作为 20 世纪中叶的基督教哲学家，则为捍卫西方免受无神论共产主义的侵染而斗争。在新保守主义者看来，柏克的哲学正植根于基督教伦理，而自然法正是其哲学中关键的和统一性的原则，可以使柏克的思想在知识上前后一贯并从中富有逻辑地推导出来。[1] 列奥·斯特劳斯的《自然权利与历史》和拉塞尔·柯克之《从柏克到 Santayana 的保守主义心灵》等著作中对柏克的讨论乃启其端绪；霍夫曼（R. Hoffman）与列维克（P. Levack）在《柏克的政治学》中的导论是这种自然法解释论的早期和极端表现。罗素·柯克（Russell Kirk）在《柏克与自然权利》（1951 年的《政治学评论》第八卷）一文中对于自然法解释学派关于柏克的立场有过概述，查尔斯·巴金（Charles Parkin）在"柏克政治思想的道德基础"（The Moral Basis of Burke's Political Thought）中的论文则较此更为中肯和令人侧目，对此一主题作最为完整的的探讨则是彼得·斯坦利（Peter Stanlis）的《柏克与自然法》。

查尔斯·巴金在《柏克政治思想的道德基础》中指出了柏克政治思想中自然法的道德性与政治的关联。[2] 查尔斯·巴金指出：虽然柏

---

[1] 参见 Frank O'Gorman. *Edmund Burke:His Political Philosophy*[M].London: Routledge, 2004:9.

[2] Charles Parkin. *The Moral Basis of Burke's Political Thought* [M].Cambridge University Press, 1956.

克的思想用意是在针对当下发生的偶发事件作反应，但是，他绝不是无拘束或任意的回应，而是永远——根据他自己的看法——受道德原则指导的，这些道德原则表现了人类生活与社群的不变真理……柏克的政治思想……总是向一个深沉不变的核心倾斜而回到一个最一般性而绝对的信念。他的种种观念各有其特征与根源，但它们都向核心回合在一个最后不含相对性与偶然性的道德确实状态上面。① 1958 年皮特·斯坦利（Peter J. Stanlis）的《埃德蒙·柏克与自然法》（*Edmund Burke and the Natural Law*）② 就柏克思想中古典的和中世纪的自然法概念的地位进行了全方位的系统考察，堪称柏克研究史上划时代的革命性著作。彼得·斯坦利论称，柏克的伟大成就是把古典的与经院学派的自然法回复到其为政治的基本道德法则的正确地位，他指出"柏克主要的政治原则的真正特质，脱离了自然法的脉络是无法了解的"，而他的政治哲学，为那些依旧依赖功利主义、实证主义或唯物主义传统的人"持续不断的困惑与疑问提出了最佳的解答"。彼得·斯坦利继续强调说：在他曾面临的每一件重要的政治问题里——在爱尔兰的、美洲的、宪法上的、经济的、印度的或法国的事务中——柏克总是诉诸自然法；不仅如此，所谓自然法，柏克基本上总是意指同一样东西，他视之为在所有人类事务中公正与自由的最终标准。③ 随后，弗朗西斯·凯纳文（Francis Canavan）的《埃德蒙·柏克的政治理性》（*The Political Reason of Edmund Burke*）④ 指出，柏克在实际政治判断中对具体、经验和变化的坚持事实上和古老的自然法学说完全一致，因为自然法学说实际上已然涵括着对实践理性以及审慎之亚里士多德式的

---

① Charles Parkin.*The Moral Basis of Burke's Political Thought* [M].Cambridge University Press, 1956:10.

② Peter Stanlis. *Edmund Burke and the Natural Law*[M].Transaction Publishers, 2003.

③ Peter Stanlis. *Edmund Burke and Natural Law*[M].p.344, 363.

④ Francis Canavan.*The Political Reason of Edmund Burke*[M].Duke University Press, 1960.

以及中世纪的理解。不少研究者沿着这一线索继续探索，如弗朗西斯·凯纳文之《柏克：约定俗成与神意》（*Edmund Burke: Prescription and Providence*），以及皮特·斯坦利之《柏克：启蒙与革命》（*Edmund Burke: The Enlightenment and Revolution*），约瑟夫·帕宾三世（Joseph L. Pappin III）的《柏克的形而上学》（*The Metaphysics of Edmund Burke*）均属于这一研究进路。①

　　基于冷战反对共产主义意识形态的对抗背景之下的新保守主义解释更多的是美国学界的看法，英国学界并未亦步亦趋。从六十年代起，伴随着一种历史研究方法论的倡导和变革，英国学界也藉此出现了新的柏克研究成果。这一新的并且也是更为可信的研究进路试图理解柏克思考的历史背景。这样就事实上颠覆了此前的自由主义的以及自然法的柏克解释框架。波考克在1960年《历史研究》第三卷发表"柏克与古宪法：一个思想史问题"标志着对柏克思想研究的新的起点。在该文中，波考克认为柏克与从爱德华·柯克爵士以来的英国普通法传统存在继承关联。此文不但对柏克的思想渊源做了一个细致的历史考察，也对普通法的宪政意义和发展提供了一个新的诠释。不过，与其说波考克的研究是对于柏克研究的创新，毋宁是藉柏克来对历史研究或者思想史研究方法论的创新。波考克也确实并未宣称这是理解柏克的唯一进路。波考克还在1982年发表了"柏克分析法国大革命的政治经济学"一文，同样也是从一个新的角度来理解柏克的思想。他在文章的开头还特别提到此文与前文都是一种方法论的尝试。但是，正是经由此种方法论的创新，的确又开启了自由主义/保守主义之外的研究视野。在此影响下，也有一批研究柏克思想的著作问世，主要是

---

① Francis Canavan.*Edmund Burke: Prescription and Providence*[M] Durham, N.C.: Carolina Academic Press, 1987; Peter J. Stanlis. *Edmund Burke: The Enlightenment and Revolution* [M]. London: Transaction Publishers, 1991.

以库特尼（C. P. Courtenay）和弗兰克·奥格曼（Frank O'Gorman）为代表。库特尼的《柏克与孟德斯鸠》在很多方面都刷新了对柏克思想的认识。奥格曼的《柏克政治哲学研究》(*Edmund Burke: His Political Philosophy*）在题目上或许容易产生误导，但是其内容可以说并非鼓吹柏克具有某种体系化的政治哲学。奥格曼坚持不把柏克当做任何一个学派或传统的一份子，不对柏克的著述作概念的抽象分析，或某种统计分析，也不再假设柏克的思想的完美逻辑演绎。与之相反，奥格曼希望可以把柏克置于其职业生涯和政治情势的具体环境之中，亦即触发其所思所感的政治社会环境之中，必须考虑当时所面临的政治宣传压力和紧迫感。在奥格曼看来，也只有如此才能超越对柏克思想的断章取义式的理解。在此种历史/语境主义的原则下，研究者希望得到一个真实的而非贴满了各种标签的柏克形象。[①]

在前述对柏克作自由主义/功利主义、保守主义/自然法以及历史主义之外，西方学界还有一种较为另类的解释，即马克思主义的解释，主要从经济学与经济史的视角来理解柏克，以麦克佛森（C. B. Macpherson）为代表。麦克佛森在其于 1980 年出版的《柏克》(*Burke*）一书中把柏克看作一名"资产阶级的经济学家"，并对此进行了详尽发挥。[②]在麦氏看来，只有从这一角度出发，才能解决其所谓的"柏克问题"。麦氏认为，柏克"之所以主张英国对美洲殖民地、爱尔兰等采取较为宽大的政策"，"之所以不断攻击东印度公司"，都可以从其作为资产阶级经济学家的身份中寻找原因。[③]麦氏指出："柏克不但拥有经济政策分析专家所具备的精密技巧，而且对广泛的政治经济

---

① 参见 Frank O'Gorman. *Edmund Burke :His Political Philosophy*[M].p.12.
② C. B. Macpherson. Burke[M].Oxford: Oxford University Press,1980. 中译本可参见张福建译著. 柏克：政治自由的堡垒 [M]. 台北：时报文化出版事业公司，1984；杨肃献译. 柏克 [M]. 台北：联经出版事业公司，1985；江原译. 柏克 [M]. 北京：中国社会科学出版社，1989.
③ 麦克佛森. 柏克 [M]. 杨肃献译. 台北：联经出版事业公司，1985:59.

学原理，经济阶级关系的潜在重要性，以及市场关系如何渗入社会政治关系里面等等几个问题，都有相当了解。但是，一直要等到法国大革命的威胁才迫使他思考一些比较普遍性的理论，他才对他的政治经济学的种种假设有了完整的叙述。"① 麦氏还表示："要了解柏克对实际的与可期望得到的经济秩序所做的资产阶级假设在他的政治理论中占有怎样的中心地位，首先我们可以看看他对自由市场的明显偏好；然后，再检视他那更基本而不经常受到注意的假定——也就是常被他赞美为自然的、必然的和公正的市场，是个特殊的资本主义市场。"②麦克佛森最后总结说："柏克一方面是个传统阶层社会政治秩序的保卫者，另一方面同时也相信纯粹资本主义经济秩序的必然性和公平性。他能够不相矛盾地同时拥有两个立场，因为资本主义经济本身早已嵌入传统社会秩序里面，使得传统秩序在表面上虽没有变化而其内涵已经改变了。这个变化早在一个世纪以前，已经实际发生了，因此，尽管有斯宾汉兰这类过时的举动，这个新秩序现在已经成为传统秩序了。柏克对这个变迁的了解有多完全，是值得怀疑的。他喜欢把他的传统社会追溯到一六八九年，甚至到《大宪章》，并且全部用同一个基督教自然法来涵括。但是，不必怀疑的是，他强烈地意识到，唯有工人阶级继续接受其传统的从属地位，资本主义的秩序才能够维系。在他祈助于神圣的自然法、在他不关心或不知道这种自然法的内涵到底改变了多少的背后，便是这种意识。功利和自然法是相同的，因为资本主义和传统秩序是相同的，因为资本主义需要传统和习惯提供的制裁和拘束。柏克看到这一点，这是他比多数同时代人进步的地方。"③

具体到柏克政治思想所触及的范围，西方的研究专著却并不多

① Macpherson. *Burke*[M]. 杨肃献译. 台北：联经出版事业公司，1985:60.
② Macpherson. *Burke*[M]. 杨肃献译. 台北：联经出版事业公司，1985:61.
③ Macpherson. *Burke*[M]. 杨肃献译. 台北：联经出版事业公司，1985:81.

见。在与柏克有密切关联的美洲、印度、爱尔兰以及法国等主题上，目前也只有马奥尼（H. D. Mahoney）的《埃德蒙·柏克与爱尔兰》（*Edmund Burke and Ireland*）[1]专门探讨柏克与爱尔兰问题，至于其他几个主题，则未见专著讨论。对与柏克《论当前不满原因之根源》（*Thoughts on the Cause of the Present Discontents*），小哈维·曼斯菲尔德（Harvey Mansfield, Jr.）在其《政治家与政党政府》（*Statesmanship and Party Government*）一书中提供了详尽的背景分析[2]，詹姆斯·博尔顿（James Boulton）亦在其《威尔克斯和柏克时代的政治话语》（*The Language of Politics in the Age of Wilkes and Burke*）中对此予以专章讨论。[3] 关于柏克论课税于美洲和与殖民地和解的演讲的背景，有乔治·格特里奇（George H. Guttridge）的《英国辉格主义和美洲革命》（*English Whiggism and the American Revolution*）[4]，以及斯坦利的《埃德蒙·柏克论与殖民地的和解以及其他有关美洲革命的文章》（*Edmund Burke on Conciliation with the Colonies and Other Papers on the American Revolution*）可以参考[5]。关于柏克和印度问题，最为全面的讨论，据甘迪和斯坦利的说法，是卡尔·科恩（Carl Cone）的《柏克与政治的性质》（*Burke and the Nature of Politics*）一书的第二卷。[6] 就柏克与法国大革命的关系这一主题的研究，大部分皆散见于各类期刊论文以

---

[1] H. D. Mahoney. *Edmund Burke and Ireland*[M].Cambridge: Harvard University Press,1960.

[2] H. Mansfield. *Statesmanship and Party Government*[M].Chicago:University of Chicago Press, 1965.

[3] James T. Boulton. *The Language of Politics in the Age of Wilkes and Burke*[M].Toronto: University of Toronto Press, 1963.

[4] George H. Guttridge. *English Whiggism and the American Revolution* [M].Berkeley: University of California Press, 1942.

[5] Peter Stanlis. Edmund Burke on Conciliation with the Colonies and Other Papers on the American Revolution[M].Lumenburg Vt.: The Limited Editions Club, Stinehour Press, 1975.

[6] Carl B. Cone. Burke and the Nature of Politics[M].Vol. 2. Lexington: University of Kentucky Press, 1957:95−139, 154−256.

及关于柏克之"法国革命论"的不同版本的导言中，数不胜数。奥格曼（Frank O'Gorman）的博士论文《辉格党与法国大革命》（*The Whig Party and the French Revolution*），将柏克对法国大革命的攻击置于当时英国的政治环境之中，可以看做是关于这一主题的背景性研究。[1] 唯一专论柏克经济学的著作是弗朗西斯·凯纳文（Francis Canavan）神父的《埃德蒙·柏克的政治经济学》（*The Political Economy of Edmund Burke*）[2]，但处理这一主题的文献同样极其众多。对于柏克"关于国会下院代表的演讲"（Speech on the Representation of the Commons in Parliament）之背景，乔治·斯德威思（George Stead Veith）的《议会改革的启动》（*The Genesis of Parliamentary Reform*）以及约翰·坎农（John Cannon）的《议会改革：1640—1832》（*Parliamentary Reform, 1640-1832*）乃是极为有益的参考。至于柏克思想对于后世的影响，文献多如牛毛。罗素·柯克（Russell Kirk）在《保守的心灵：从柏克到艾略特》（*The Conservative Mind from Burke to Eliot*）中考察了柏克对美国思想的影响，殊值注意。[3]

（二）柏克"东渐"

我国学界似较早注意到柏克。[4] 上世纪三十年代末，浦薛凤在其《西洋近代政治思潮》一书第七章"反动与守旧：美法革命以后之政治思潮"中较为系统地介绍了柏克的政治思想。浦薛凤将柏克视为该时期英国反动与守旧的代表人物，认为柏克少壮激进、中年自由主义、

---

[1] Frank O'Gorman. *The Whig Party and the French Revolution*[M] .New York: St. Martin's Press, 1967.

[2] Francis Canavan. *The Political Economy of Edmund Burke*[M]. New York: Fordham University Press, 1995.

[3] Russell Kirk. *The Conservative Mind from Burke to Eliot*[M].7th rev. ed. Washington: Regnery Gateway, 1986. 亦可参见肯尼思·W.汤普森编.宪法的政治论论 [M]. 张志铭译.北京：生活·读书·新知三联书店，1997: 40—66 页之"保守主义传统"。

[4] 据说，严复曾对 John Morley 所撰之《柏克》一书详加评注，十数年前，其评注尚可于国图一览，惜今已难见之。

老年反动。浦薛凤认为，柏克思想并非一以贯之，"诚欲多方文饰柏克前后一贯大可不必"，"关于印度事件之努力虽归泡影然而柏克之嫉恶好善，与反帝国主义的自由思想更充分流露而永传不朽。彼之守旧与反动乃在法国革命爆发以后始发轫而前进而登峰造极"。"英之所以不保中立而卒与法战，柏克应负大部分责任。"浦还认为："吾人最宜注意者，柏克之重要不在其个人由维新而趋于保守之转变而在其此种反动乃代表英国朝野（甚至当时西方一般人士）之思想潮流。"① 不过需要指出的是，浦也承认："柏克之所以驰名而且最能使人记忆者固在其反抗18世纪之革命精神。然而柏克之伟大正不在其仅仅反动而却在其于守旧之中发挥许多精卓道理。不宁唯是，柏克一生之政治活动与论著思想无一不与当时国内外重要政情发生密切关系：如英吉利政党内阁与君权统治之抗争；爱尔兰由备受压迫而渐跻于解放自治之境；美利坚殖民州之由兴盛而独立；印度之遭遇暴治与英国自由党领袖之努力解放；与法兰西君主政体之没落及其在流血革命后种种剧烈的变化。"②

新中国成立后，随着意识形态领域的集体左转，这个为马克思斥责为庸俗的资产阶级和马屁精的历史人物，自然也就得不到学界的注意。不过，朱光潜在1963年出版的《西方美学史》却对柏克早年的美学著作进行了一个较为系统的探讨。朱光潜指出，柏克"早年附和卢骚，写过一文《为自然社会辩护》，揭露近代资产阶级社会的穷困和罪恶；在美洲殖民地向英国要求独立时，他在议会里力主和解，反对镇压；但是对法国革命却坚决反对，著书大肆污蔑"。但是，朱光潜对柏克的美学评价甚高："在朗基努斯以后康德以前，他的这部著作（即

---

① 浦薛凤.西洋近代政治思潮 [M].第七章"反动与守旧：美法革命以后之政治思潮"之"英吉利之反动：柏克"，北京：北京大学出版社，2007:439–456.浦氏此著最早由商务印书馆于1939年出版。

② 浦薛凤.西洋近代政治思潮 [M].2007:439–440.

《论崇高与美两种观念的根源》）是西方关于崇高与美这两种审美范畴最重要的文献。"朱光潜将柏克的美学归于英国经验主义的传统，并认为是经验派美学的集大成者。① 此后直至八十年代后期，由于众所周知的原因，学界关于柏克的研究几近沉寂。考虑到整个学术研究的沦陷，这种研究状况是可以理解的。

中共十一届三中全会以来，学界对柏克思想的关注是从美学开始的。郭定平在 1988 年《社会科学》第 11 期上发表的"关于柏克的政治哲学"似为改革开放之后国内学界在八十年代研究柏克政治思想的最初成果。② 郭定平在文章中指出，柏克"雄辩的演说，尤其是那以非凡的才智写成的《法国革命感想录》，使他成为现代政治保守主义最初的，也许是最杰出的理论代表"。针对柏克在发表的演说和文章中存在的相互矛盾的主张及其政治思想的一致性和连续性问题，郭定平认为柏克具有"基于其独特的政治哲学观点的政治信仰，这些观点的一贯性并不在于构成一个逻辑严密的体系，而是前后一贯的保守方针"。郭文概括的保守方针有四：经验主义的人性、传统主义的社会、机能主义的国家、保守主义的革新。作者还指出了柏克和那些顽固僵化的保守主义者之间的区别，并对柏克的保守主义之于历史的积极意义作了引申。

九十年代以来，国内关于柏克的研究逐步活跃，关于柏克政治思想的讨论成果不断相继问世。③ 整体来看，学界关于柏克思想的探讨是围绕着法国大革命以及保守主义展开的。

---

① 朱光潜. 西方美学史 [M]. 南京：江苏文艺出版社，2008:182–183, 192.
② 王松年于《世界文化》1987 年第 2 期发表的"埃德蒙·柏克"讨论柏克的政治思想虽较此为早，但属于译文。在郭定平的论文发表之前论及柏克的美学思想的是王才勇于《云南社会科学》1986 年第 2 期发表的"休谟与博克论美思想之比较研究"。
③ 九十年代关于柏克美学思想的讨论，见顾荣佳、马国柱. 论崇高的审美特征——兼对朗吉弩斯、柏克、康德关于崇高的考察 [J]. 辽宁师范大学学报（社会科学版），1993(1);杨方. 柏克的美感根源论体系述评 [J]. 湖南师范大学社会科学学报，1997(3).

刘北成在"论柏克的保守主义思想"中认为，法国革命是启蒙哲学的结果，柏克对法国大革命的思想原则的批判中首先阐发了保守主义的政治哲学。文章指出了柏克政治思想与"光荣革命"、美洲革命以及法国大革命的关联，及其思想的英国社会与哲学传统渊源。柏克的保守主义集中体现在《感想》一书中，其中所阐发的保守主义原则是：批评抽象的自然人性化、肯定人的社会性、确立传统权的威；否定天赋人权，维护社会不平等秩序；反对社会契约，主张国家约定俗成说；维护世袭财产权和宗教；反对革命，赞成保守的改革。刘文认为，柏克的思想既与具有革命批判精神的启蒙哲学存在差异，也和法国的复辟派保守主义存在距离，是近代整个保守主义思潮的创始人。①

在"评柏克的《法国革命论》——两百年后的再思考"一文中，何兆武认为，在剧烈动荡的时代，安居乐业、秩序井然的太平盛世不容易大流量涌现的丑恶不免有机会大量冒出头来，"大抵上，凡是处在这样的时代，守旧者就一般地诉之于传统的美德来反对激烈的变革。柏克的思想，基本上可归于这一类范畴"。文章认为柏克的思想是强调自由的辉格党和强调秩序的托利党两党思想的综合。文章指出："柏克认为英、美的革命是以维护和发扬传统中的美好的价值为目的的，而法国大革命则是以破坏传统为目的的；这就是他拥护英、美革命而反对法国革命的原因。"何兆武虽然认为柏克基于对传统的认识批评法国大革命的暴力有其根据，"但是柏克却没有能够充分正视如下这样一个带根本性的问题，即暴力的出现也是不以人的意志为转移的，固然它表面上看来乃是由人的意志所主动作出的，但在深层上它却是由于种种历史趋势相激荡的结果所使然，当其达到了一个临界值的关头，它就引爆了。无论如何，这一点应该归咎于他缺乏某种必要的历史洞

---

① 刘北成. 论柏克的保守主义思想 [J]. 北京师范大学学报（社会科学版），1993(3).

见，而未能看到历史更深一层的东西，于是就把对历史的解释仅只停留在个人的品质或德行的层次上"。不过，何也表示不能对柏克对美洲、印度和爱尔兰的开明态度一笔抹杀。文章认为，"凡是柏克所评论的具体事件和所做出的具体判断，今天有来大都已经过时；但是恰好是在他所不屑于着力的理论观点上，却仍然闪灼着许多光辉是永远值得后代深思的"，其中以对传统的珍视和对人类进步的非暴力方式的推崇尤为重要。①

彭刚在"保守与激进——柏克的法国革命观（上、下）"一文从思想史的角度讨论了柏克的法国革命观。通过对理性与经验、传统的神圣性、对自然权利的反驳、贵族政治与大众民主、革命与改良等几个方面的分析，文章指出，柏克的保守主义由于反对一切专断权力并给改革留下一定空间从而不同于法国的复辟思潮；同时又由于其对传统和国家十分尊崇，将改良限定在狭小范围内，"又不见容于自由主义"。文章还联系了中国近代以来的历史演变，认为柏克对革命与改良、激进与保守以及对待传统的看法值得我们反思。② 刘皓明在"启蒙的两难：柏克篇"中指出了柏克的经验主义与欧陆理性主义之间的差异，并围绕对法国革命的论断，指出其对启蒙哲学的及启蒙意识形态的批判。③ 黄景用在"也论柏克"中认为当柏克之所以极力批判法国革命，从柏克代表大资产阶级的辉格党立场、宗教倾向、对君主制的态度以及对启蒙的态度均不足以解释，事实上"决定其价值取向的依据并非政治倾向、阶级立场以及制度的优劣、思想的异同，而是文化"④。尹虹在"柏克与潘恩关于法国大革命的论战'中认为法国大

---

① 何兆武."评柏克的《法国革命论》——两百年后的再思考"[J].史学理论研究，1994(2).
② 彭刚.保守与激进——柏克的法国革命观（上、下）[J].清华大学学报（哲学社会科学版），1995(2)，(3).
③ 刘皓明.启蒙的两难：柏克篇[J].史学理论研究，1996(2).
④ 黄景用.也论柏克[J].北京社会科学，1997(4).

革命激起了以柏克和潘恩为代表的两方论战，但捍卫人权和人民主权的潘恩得到了除贵族和大资产阶级之外的大多数英国人的支持，有力推动了英国激进派运动的发展，并对早期工人运动有不可忽视的推动作用。①

虽然大部分论文都以探讨柏克的保守主义为重点，且围绕着法国大革命来展开，但对柏克自由主义内涵的挖掘也逐渐涌现。刘军宁在"保守的柏克 自由的柏克"一文中着重阐发了柏克思想的自由主义内涵。文章认为，柏克的自由主义立场首先表现在他全力支持北美殖民地人民反对英王统治的斗争；在国家问题上，柏克同样持的是自由主义的观点，因为他既反对绝对的皇权，又反对极端的民主，而持一条中间路线，在对自由的态度上，柏克他极其弘扬个人的自由，认为自由应得到维持，自利也应予以理解和鼓励，而不应该阻碍他所理解的自由是个人潜能得到充分发展的机会，而且对自由的寻求绝对不能以牺牲秩序为代价；在经济思想上，柏克的经济思想与经济自由主义的创始人亚当·斯密极其相似。此外，文章还特别对保守主义作了进一步澄清："保守主义的矛头是针对激进主义的，并不是针对自由主义的，除非这自由主义在哲学上信奉理性主义，在政治行动上追随激进主义。保守主义的关键不在保守与否，而在保守什么。若撇开了保守的具体对象，保守主义便空洞无物。'保守'是任何人都可能具有的一种天然倾向，并不自动构成'主义'。……柏克创立的保守主义保守英国的宪法，保守亲和自由的制度，保守对自由友善的传统。所以，保守的柏克只为特定的传统辩解。柏克的保守主义并不为任何传统尤其是敌视自由的传统进行辩护或是提供理论支持。所以，援引柏克为一切传统辩护当属无稽之谈。"因此，"柏克关心传统，却落实在

---

① 尹虹. 柏克与潘恩关于法国大革命的论战 [J]. 史学集刊，1997(3).

自由上。……保守的柏克与自由的柏克之间珠联璧合"。文章最后总结道："由是观之，柏克在政治珍视自由，维护宪政，反对国家的专横权力，反对中央集权；在经济上维护财产权；在道德文化上坚持信仰自由，鼓吹宗教宽容。柏克保守主义思想的自由主义倾向不仅表现在政治领域，而且表现在经济领域和道德—文化领域。保守的柏克比自由的柏克显眼，但自由的柏克比保守的柏克重要。"[①] 陆建德在《柏克论自由》中从外国文学研究的视野评述了柏克的自由思想，认为柏克所信奉的自由是一种英国式的自由，不是个人的随心所欲和"赤裸裸孤零零的形而上学抽象"，即反对极端个人主义的自由；与此相关，柏克十分强调国家至于人类生活的必要性和重要性。而柏克的自由观和国家观则决定其对社会变革的保守态度。[②]

值得注意的是，陈志瑞的博士论文"自由与保守"（南京大学1996 年）是国内第一篇专门研究柏克政治思想的博士学位论文，标志着国内关于柏克思想研究的重要开端。陈在论文中表示，其研究柏克意图有三。其一为柏克的保守主义是一种什么样的保守主义？换言之，他的保守主义之中承载着哪些具体的思想内容？它的实质和原则是什么？其二是作为正处于经济、政治和社会变革的转型时期的产物的柏克的政治思想对我们具有何种启发。其三是柏克的保守主义、政治思想和思想方式是否对关于工业革命以来日渐凸显的人与自然之间的对立实质是在当代如何形成人与自然的和谐新秩序的思考有所裨益？陈志瑞对第三个方面"存而不论"，主要阐述的是前两个问题。陈实际上把柏克的思想划分为两个时期，以法国大革命为界，之前柏克思想的主题是自由，之后则是保守，即"保守与自由，是柏克思想的两个特征，又以具体的思想内容统一在他保守主义的政治思想之中"。陈志瑞

[①] 刘军宁. 保守的柏克 自由的柏克 [J]. 读书，1995(3).
[②] 陆建德. 柏克论自由 [J]. 外国文学评论，1996(2).

也是目前国内少有的对柏克保持持续关注的研究者，在"柏克、卢梭与法国大革命"中，陈志瑞通过阐述柏克对卢梭的批判，指出了卢梭思想之于政治社会的消极意义和柏克政治思想的积极价值。① 在"柏克、潘恩的冲突与共识"一文中，陈志瑞认为，面对法国大革命，柏克与潘恩虽然在政治社会之由来、政治社会之合法性以及政治社会之重构上存在冲突，但是在对社会秩序的肯定以及社会变革的性质和方式上则又存在共识。柏克和潘恩的冲突和共识从资产阶级的革命角度来看"代表着新兴政治力量巩固、保守和完善革命时代的政治成果的最后努力"②。在"埃德蒙·柏克的欧洲观"一文中，陈志瑞认为柏克提出了"欧洲国家"的概念，对欧洲国际社会的根源和国际秩序的性质作了深入思考。③ 该文是对此前柏克政治思想研究的一个新的维度。

　　进入 21 世纪以来，学界关于柏克思想的研究进一步丰富，期刊论文和学位论文均有大幅度增加。保守主义、法国大革命等依然是研究的主题。④ 不过，对柏克政治思想的深度挖掘也在逐步拓展。⑤ 虽然

---

① 陈志瑞. 伯克、卢梭与法国大革命 [J]. 史学月刊，1997(5).

② 陈志瑞. 伯克、潘恩的冲突与共识 [J]. 首都师范大学学报（社会科学版），1998(1).

③ 陈志瑞. 埃德蒙·伯克的欧洲观 [J]. 欧洲，1997(6).

④ 何元国. 关于伯克保守主义的思考四则 [J]. 湖北大学学报（哲学社会科学版），2001(3)；朱静. 读柏克《法国革命论》书感 [J]. 博览群书，2003(11)；郭晓东，传统·秩序·自由——柏克政治保守主义思想评析 [J]. 学海，2003(1)；秦胜军. 论柏克的保守主义与法国大革命 [J]. 河南社会科学，2003 年(3)；黄岭峻. 论保守主义的本质——以埃德蒙·柏克思想为中心的研究 [J]. 南通大学学报（社会科学版），2005 年(3). 王秋红. 论柏克的保守主义政治发展观 [J]. 山西大学学报（哲学社会科学版），2008(3)；焦颖莹. 柏克、梅斯特议法国大革命之比较 [J]. 社会科学论坛（学术研究卷），2009(6)；刘景迪. 以英式自由反对法式平等——试析埃德蒙·柏克之《法国革命论》[J]. 重庆交通大学学报（社会科学版），2010(3).

⑤ 宋清华. 休谟与柏克的两种自由理论对比 [J]. 衡阳师范学院学报，2004(5)；李文中. 坎宁、伯克对格拉斯顿早期政治观和政治归属的影响 [J]. 史学月刊，2005(8)；闫小波. 柏克与梁启超：革命年代的智者 [J]. 江海学刊，2006(4)；陶建钟. 古典自由主义理论体系中的"自由与权利"述评——从霍布斯到柏克 [J]. 社会科学评论，2007(2). 从研究成果数量上看，自八十年代开始直至目前，学界关于柏克政治思想的研究不断丰富，八十年代仅有 1 篇期刊论文，九十年代为 14 篇，2000 年以后则有 30 余篇，硕士学位论文从无到有，有十二篇之多。从研究主题分析，对柏克政治思想的探讨集中在其保守主义上，并主要围绕其"法国革命论"展开。这一点我们可以从大多数论文的标题中都含有"保守""保守主义""法国革命"等词语明显看出。

多年来国内学界关于柏克思想的探究成果日渐增多和多元化，但突出存在几大问题。一是研究数量严重不足，根本无法和大致同一时期的洛克、休谟、斯密、卢梭等人相提并论，目前也尚无专门研究柏克的专著出版。二是缺乏对西方研究成果的梳理。西方多年来对柏克的研究是全方位的，不仅成果数量众多，并形成了众多研究流派，但国内目前的研究特别是博士论文对此缺乏必要的整理，这在信息化时代以及学术研究日益规范化的今天是很不应该的。三是对柏克思想的探讨局限于自由主义／保守主义的框架，大部分论文都是围绕着柏克的法国革命论或保守主义来展开，即便如此，探讨的深度尤嫌不够，可以说一直难以取得新突破。

三、英国宪政转型视域中的柏克

对比西方的柏克思想研究来看，实事求是地讲，无论在广度上还是深度上，我国学界明显存在差距。但是，二者也似乎具有一个共同点，那就是长期局限于自由主义／功利主义和保守主义／自然法的解释传统。所以，对柏克作自由主义的理解，或者作保守主义的阐发可以说是西方学界和我国学界的主导潮流。虽然这种研究径路当然可以展示出各不相同的柏克形象，也的确推进了人们对于这位曾经的政治家的认识，但是将柏克作为一位自由主义者或者是一位保守主义者来看待，并非就是柏克所应该具有的仅有形象。在我看来，这种解释和研究的路径虽然有其价值，但并不能够真正发掘出柏克思想的意义和价值。且不说自由主义、功利主义、保守主义之类的思想标签在柏克的时代尚未发明出来，即便可以后视之明加以套用，但其所能够阐明的问题几乎和带来的问题一样多。然而，在笔者对柏克著作的研读过程中，我越来越感到传统的深具意识形态底色的研究路径的局限。柏克本来应该是极为丰富和深厚的思想资源和遗产，而在之前的自由主义／保守主义的解释路径之中，柏克的形象实在是过于单一和单薄了。我们十分有必要越出自由主义或者保守主义的视界来探寻其所本来的面目并评估其意义所在。

这是因为，柏克作为一个深度介入实际政治实践的政治家，他所面对的问题以及所提出的解决方案，固然难免沾染上党派利益的基调，但是这并非柏克所属的党派单独面对的问题。因为那同样是大英帝国必须面对的问题。如果我们还相信蜜蜂的寓言的真理，那么我们就不能仅仅从其所属的政治派别来考虑他，而必须从一个更为广阔的视野，即从英国在现代政制发展的过程中来考虑柏克。事实上，柏克的思考也确实是在为英国政府而思考，也同样是对英国现代政制成长的思考。简言之，我认为，十分有必要从现代英国政制成长的背景来理解柏克的所思、所想、所感，而且，也恰恰只有从这一视角出发，我们才能真正理解柏克思想的价值和意义。因为"光荣革命"之于英国并非现代政治建设的终点，毋宁是现代政制建设的开端。18 世纪正是其成长发育的关键时期。英国的现代政治事实上虽然存在若干古老的宪政原则，但远未成熟。"光荣革命"所确立的成果能否得以巩固生根，尚需实践的修正和检验。特别是 1707 年英格兰、苏格兰合并不列颠联合王国即大英帝国诞生以来，这个问题尤为突出和迫切。18 世纪下半期其所遭遇到的一系列国内和国际难题正好提供了一个检验和修正的良机。在我看来，正是有了柏克对政治的思考，18 世纪英国在最为关键的政治转型之际才有了明确的方向，并最终在 19 世纪正式转轨定型，成就其大国之道。大英帝国的成功无疑是多种因素所促成，但是在笔者看来，在这个英国最为重要的成长期内，正是仰赖柏克所提供的伟大思想资源，现代英国政制方走向成熟，英国亦藉此真正完成其走向大国之道最为重要的蜕变。因为帝国的辉煌表征为对外的强势征服，实质上却是在实现了非常政制向日常政治转型之后的现代政制建设的自然后果。并且这一政制形式的基本结构令人惊叹地早已为柏克所提出、阐明并加以论证。正是柏克的思想，而非其他，事实上支撑着大英帝国的宪政的成功转型和一个大国的成功崛起。

因之，同对于柏克思想究竟属于自由主义还是保守主义，究竟是自然法的传统还是以一位资产阶级的经济学家的身份在思考这些问题的关注不同，我更想发掘柏克的思想是其在介入现实政治实践的过程中的政治智慧同现代英国政制的成长和成熟之间的密切勾连。在我看来，只有对柏克思想和现代英国政制成长或现代英国的宪政转型之间的联系加以显示和澄清，才能真正算是历史地理解了柏克的思想，进而才能体认其难以估量的价值和意义。如果柏克的形象只是一种单薄的自由主义或保守主义形象，那么这样的柏克无疑是无须再论的过时之物。但自由主义和保守主义的柏克只是柏克的幻象，真实的柏克却是如此的丰富和深厚，他既可以说是自由的或保守的，也可以说他既不是自由的也不是保守的，他只是他本身。

从问题意识和研究主题来看，本书可以看做是一种思想史研究。在思想史研究中，文本和语境的问题历来是研究者难以处理而又无法逃避、必须面对的难题。本书在研究中的处理是，以文本为基础、依据来处理柏克的思想，但同时极力探求该文本形成的历史背景，力图能够深入理解文本背后的"隐蔽主题"。对此，钱钟书先生有言："史家追叙真人实事，每须遥体人情，悬想时势，设身其中，潜心腔内，忖之度之，以揣以摩。"此一标准固难达致，然以之为坐标可也。但是，"要说柏克有套政治哲学，也许有些言过其辞了。他的思想散见于他的各种演讲和论著之中，而这些演讲和论著都是被当时的事件所激发出来的，尽管其思想表现出了一种一致性，而这是强有力的智识和坚定的道德信念的象征。确实，除了对他当时参与的各种事件作出回应以外，他没有什么哲学可言，而且对哲学史也知之甚少。因此，他并没有意识到他自己的思想或者他所反对的自然法体系同现代欧洲整个学术史之间的关系。他甚至不可能用一种系统的形式来表述他对政治伦理和社会道德所做的反思，更不可能去探寻他的这些反思与他们所属的更为宽泛的宗教和科学问题之间的关系"①。不过，笔者以为，也许区别研究对象本身思想的系统性和研究本身的系统性是必要的。柏克本人虽然并非系统哲学著述的作者，但是作为对其政治思想的研究则必须根据一定的理论范式来加以组织。

本书从英国宪法在 18 世纪的成长这一视角来研究其对具体政治问题的思考是否以及在何种意义上与英国宪制的成熟存在密切之勾连，及其之于一个宪政秩序的成长的普遍意义。重点在于勾勒英国在"光荣革命"之后特别是在 1707 年与苏格兰合并以后的现代政制建设亦即从革命的非常政制迈向日常政治的过程中所面临的问题，以及柏克在政治实践中对这些问题的开拓性和建设性思考如何在体制上推动这一转轨的最终完成。所以，本书需要系统处理 18 世纪英国历史的宏观演进，特别是政治思想史、政治制度史乃至法律史的宏大叙事。在此基础上来展现柏克的政治思考与此一宏观历史演进对政制发展、成熟的要求之间存在的联系。这是本书最为关键的问题，也是柏克研究最难处理的问题。

故而本书特别关注的不是柏克在具体的政治现实问题之时的著述究竟是属于自由主义的还是属于保守主义的，更不试图从其是否是资产阶政治经济学家的身份来理解，而是从英国宪法在 18 世纪的成长这一视角来研究其对具体政治问题的思考是否以及在何种意义上与英国宪制的成熟存在密切之勾连，及其之于一个宪政秩序的成长的普遍意

① [美] 乔治·萨拜因 . 政治学说史（下卷）[M]. 邓正来译 . 上海：上海人民出版社，2010：310–311.

义。我所谓成熟的英国宪制是以白芝浩在《英国宪制》和戴雪在《英宪精义》中对英国宪法的概括为参考坐标的。笔者认为，英国宪法在前述二人进行系统总结的时刻已经完全臻于成熟之状态，成功地实现了从非常政治到日常政治的宪政转轨。此一时期距离柏克已经有将近半个世纪之久，但是，我意欲指出的是，正是柏克对构成英国宪法之最重要的基本要素的关键阐发，才有英国政制在19世纪的前进方向。具体而言，这些事关宪法成长的伟大思考是政党体制的价值、帝国之宪政秩序、政治经济学以及宪法的义理。之所以如此安排，系受高全喜教授之现代宪制发生学所启发。高全喜先生认为，现代宪制的发生从整体结构上说，大致有三个动力性的发生学机制：一个是战争与革命的宪制问题，另外一个是现代财富的生产与交换以及围绕着财产权的宪制问题（或政治经济学），第三个则是有关信仰自由以及政教分离的宪制问题。战争与革命关系一个现代宪制国家的构建，财富与财产权关系一个国民或市民社会的滋养，政教分离则关系一个现代宪制的人民之灵魂。在此，当宪法结构已经通过革命得以创生之后，其发育、其成熟则既需要对革命的惯性与戾气予以妥善的安顿与化解，对宪政秩序予以保障财产权为核心的市民社会的滋养，对人民的心灵则给予自由的信仰关怀。笔者总体上遵循这一理论构架，但是对柏克的政治思想作类似的归纳，即柏克的政治思想也大致可以从其关于宪法、政治经济学等方面来讨论。但一个主要的着重点与高教授的宏观理论不同在于，笔者对柏克政治思想的处理并不涉及宗教问题，即未将宗教作为一个主要视角来考察柏克的思想。虽然柏克由于其爱尔兰天主教家庭出身，就宗教宽容、天主教解放提出了诸多主张，宗教与英国宪法发展的关系这个问题，虽然也是现代宪制发生机制之一端，对英国而言也是极其重要，但是一来超出了笔者的研究范围和能力，二则对中国来说颇为隔膜，故存而不论。幸运的是，柏克对这些问题均有发人深省的思考，使得英国宪法在18世纪的众多关键层面上能够得到不断完善的重要思想资源，并经由实践传达于实际政治运作，最终推动英国宪政在19世纪完成了其现代政治建设的转型，并支撑着大英帝国在19世纪的稳步崛起，成就其"日不落"的帝国辉煌。

基于此，作者拟分为政党政治、帝国问题、政治经济学以及英国宪法等四部分来概括柏克的政治思考，详尽阐发柏克的政党思想、帝国思想、政治经济学（其价值足以与斯密相提并论）以及对英国宪制历史的理解。通过对这几个方面的总结，作者试图指出，柏克的政治思考是如此紧密地和英国宪法的成长与成熟纠缠在一起。可以说，没有柏克的政治思考，所谓现代英国宪法的成熟乃至大不列颠19世纪的帝国辉煌，实在是难以想象的。

第二章
柏克的生平、著述与时代

> 一个人只要肯深入到事物表面以下去探索，哪怕他自己也许看得不对，却为旁人扫清了道路，甚至能使他的错误也终于为真理的事业服务。

——柏克：《论崇高与美》

一、柏克的生平与著述

埃德蒙·柏克 1729 年 1 月 12 日出生于爱尔兰都柏林。柏克的父亲理查德·柏克是爱尔兰财务法院（court of Exchequer）的律师，是一名新教徒，而其母亲则为天主教徒。按照当时这种混合宗教家庭子女信仰的惯例——子随父，女随母——柏克被作为新教徒抚养长大。柏克的这种混合宗教家庭背景的出身对其一生坚持宗教宽容的主张具有深刻影响。[1]

1744 年至 1749 年，柏克进入都柏林三一学院学习，目的是研习法律，以便未来子承父业，从事律师业务。与此同时，柏克对文学有着浓厚的兴趣，此间还主编过一个为时不长的杂志《改革家》（*The Reformer*）。1750 年，柏克前往伦敦中殿（the Middle Temple）继续其

---

① 参见 Sir James Prior.Memoir of the Life and Character of the Right Honourable Edmund Burke[M]. 5th ed., London:, G. Bell, 1878; Wecter Dixon. Edmund Burke and His Kinsmen[M]. Boulder: Univ. of Colo. Press, 1939; Sir Philip Magnus. Edmund Burke[M]. London: Murray, 1939.

031

第二章　柏克的生平、著述与时代

法律教育，这是英国从事法律职业必须的经历。

1750 年代的伦敦群英荟萃，是英国思想和文化交流的中心。柏克的文学追求将其带入到由塞缪尔·约翰逊、亚·雷诺（Joshua Reynolds）、奥利弗·哥德斯密等人所构成的文艺圈。对文学的追求使得柏克放弃了法律学习，开始其文学生涯。[①]

1756 年，柏克出版了他的第一部著作《自然社会辩》。该著是对唯理主义哲学家柏林布鲁克的讽刺性回应，并呈现出一个与霍布斯笔下的自然世界相同的政治社会景象。刻意模仿已故的柏林布鲁克的写作风格，将其对于自然社会的各项观点推向极致，进而显示其社会观的荒谬。柏克在其中使用的讽刺方法，较之于其哲学信念，更多地显示了其思想风格。终其一生，柏克回避的是纯粹的哲理和推断进路，坚持的是实践和应用性推理，并用其所有的修辞能力来为此辩护。运用博林布鲁克自己的方法，柏克显示任何形式的政治社会，无论专制的、贵族的还是民主的，抑或混合的，都是独裁性的，并对那些它所假定要保护的生命构成威胁。于是，在《自然社会辩》中，柏克讽刺性地暗示，人类在无政府状态下会更好。要言之，《自然社会辩》暗示，社会生活是人类的自然状态，这也是柏克一生所不断发展的立场，那种从拟制的“自然状态”出发所做的推理，包括霍布斯、洛克等等实际上是创造了一个无用之物，与当下人类的政治和社会状况没有什么关联。作为一部文学著作，《自然社会辩》显示了柏克驾驭文字的非凡能力，以及对修辞效果的把握，这不仅仅是作家更是政治家和演说家

埃德蒙·柏克与英国宪政转型

---

① 参见 Philip B. Dematteis & Peter S. Fosl . British Philosophers, 1500–1799[M].The Gale Group, 2002:85–97.

必备的工具。^①

《自然社会辩》之后紧接着的是 1757 年出版的《对崇高与美两种观念的起源的这里探讨》。这本书主要讨论的是当时流行的美学问题，并由此奠定其文学地位。在美学史上，柏克的《论崇高与美》虽然不如康德 1764 年所著之《对美与崇高情感的观察》思辨和意义重大，但的确是 18 世纪文学和艺术审美的重要发展。表面上看，柏克的进路似乎是体系性的和推理性的，但柏克的方法是经验性的。柏克的分析并非从人类情感的理想观念出发，而是从他所称之为的实际经验出发；他追求的是对事件、事物以及人物的情感反应进行描述和分类。在柏克看来，崇高源出于任何能够强烈震撼心灵或者暗示潜在的破坏之物（带有自我保全的愿望）。崇高使得人们在恐惧、晦暗中思考欢乐。而美则相反，源自于可知的并强调人类的社会性，在那些愉悦的、可见的、规则的和可控的事物中再现。在这样的分类中，崇高必然是阳刚的并与统治（并因此和政府、宗教）有关；而美则是阴柔的并和服从（因此和家庭的、情欲的）有关。在其中，柏克显示了对古典和英国文学丰富知识，以及对艺术的了解。

1757 年 3 月，柏克与简·玛丽结婚；次年，长子理查德出生；同年底（12 月 14 日）次子克里斯托夫出生，但不幸夭折。作为一名作家，柏克的财务是不稳定的。很少人能够单靠文艺为生，柏克当时虽小有名声，但显然无法藉此抚养家庭。在 1757 年，柏克同书商罗伯特和詹姆斯·多兹利签约撰写"英国史纲要"，但并未完成。根据威廉·托德在 1964 年整理的柏克文献中的研究，此著第一部分的片段上至公元

---

① 参见 John C. Weston, Jr.. The Ironic Purpose of Burke's Vindication Vindicated. *Journal of the History of Ideas*[J]. Vol. 19, No. 3.1958: 435–441; Murray N. Rothbard. A Note on Burke's Vindication of Natural Society. *Journal of the History of Ideas*[J]. Vol. 19, No. 1.1958:114–118; Richard Boyd. "The Unsteady and Precarious Contribution of Individuals"：Edmund Burke's Defense of Civil Society. *The Review of Politics*[J]. Vol. 61. No. 3. 1999: 465–491.

后 388 年，于 1760 年出版；但全文直到 1803 年才收录于《柏克著作集》第五卷（1803—1827），写到了公元 1216 年。从 1758 年开始，柏克开始编辑"年鉴"。这是一份由罗伯特·多兹利出版的政治和文学年刊，柏克一直编辑到 1765 年。柏克的这个经历事实上也是其政治生涯的一个准备，在其中展示出令人印象深刻的历史感和对政治与社会状况的细致把握。

柏克的政治生涯正式开始于 1759 年，为爱尔兰总督秘书威廉·杰拉德·汉密尔顿聘为私人秘书。直到 1764 年，柏克一直就任此职，期间两次重返爱尔兰。在爱尔兰期间，柏克开始撰写"论爱尔兰的天主教法"，此文并未出版，直至 1813 年收录于其著作集的第 12 卷。该文讨论的是人们之于立法机关以及源自上帝的更为高级的自然法原则的关系。其中，柏克提出，任何压迫大多数人民的法律不是法律，因为法律是人民经由其立法机关的意志表示。柏克认为，政府对人民乃有一种信托义务，着眼于人民自己也许难以看透的更大的利益。法律必须建立在功用和平等的基础上，禁止天主教徒投票、参政以及其他基本权利的天主教法，在柏克的分析中，既非有益，亦不公平。这种论断在反天主教的英国国内是相当难以立足的，这也可以解释柏克为何生前不予发表此文。不过在晚年，他又更为公开地再次回到这些问题上来。

柏克离开汉密尔顿之后，重返伦敦继续编辑"年鉴"，并向政治和思想界靠拢。1765 年 7 月，柏克接受了时任第一财政大臣罗金汉姆侯爵私人秘书的职位。在罗金汉姆这位辉格党领袖的支持下，柏克在该年 12 月当选为温多弗的下院代表。此后柏克直到 1794 年退休一直是下院议员，代表不同的选区，主要以受大地主控制的"口袋选区"为主。三十多年的政治生涯，使得柏克的政治思考不是依据抽象的推理，而是以实际经验为准绳，形成了其独特的思想性格。他的兴趣集中在实际形势中的现实人民，并以英国宪法为指南。

贯穿柏克的政治著述的是对凝结在英国宪法之中的传统和历史所继承的智慧的尊重。柏克的主要著作都是出自对当时的核心问题的回应，如美洲殖民地问题、爱尔兰问题、英国之于印度的责任问题，以及法国革命的性质和蔓延问题。在这些具体问题的背后，均可见柏克对捍卫作为自由之堡垒的英国宪法传统的关切。

柏克出版的最早的重要政治著作是1770年的"论当前不满原因之根源"，涉及一系列困扰国会的问题，包括美洲殖民地的骚乱问题，围绕威尔克斯的选举和议员资格的冲突，以及辉格党人对乔治三世王权膨胀的担心。在该文中，柏克提出了一个关于政党政府的理论雏形，即"人们结为政党，是为了依据他们共同认可的某一原则，同心协力，以推进国家的利益"。支撑这一模型的是柏克关于政治代表之职责的概念。议员必须对其选民积极响应，但并非仅仅代表该地的狭隘利益，而是要权衡与更大的国家利益相比孰轻孰重。在国会中，政党联合允许利益交换并旨在确保代表集中在更大的政府目标，通常是国家利益问题上。不过，需要注意的是，柏克虽然提出了政党的基本架构，本人也的确在其政治生涯中保持了政党忠诚，但其旨并不是要去创立一种政党政府，毋宁是作为对抗王权的必要工具。

1770年代因为印花税法案引发的美洲问题日益加剧，柏克因为在战争之前对美洲的同情和支持广为人知。但是，对美洲的支持是对实际政治形势的考量，而非基于什么抽象的权利理论。柏克并不是要寻求让殖民地在下院直接拥有代表，而是希望保持殖民地的经济优势。由于大洋两隔，殖民地理当拥有内部的自治权，并不该被直接征税。对此，柏克最为知名的著作是《论课税于美洲的演讲》、《论与美洲和解的演讲》以及《致布里斯托司法行政长官书》。因为柏克意识到，美洲问题是更大的自由和英国宪法问题。如果乔治三世能够依靠武力通过专断的直接征税来侵犯臣民的自由权，谁又来保障国内的自由呢？柏克敦促国会放弃新加之于美洲的税收，回到之前的关系状态上来。因此他主要是从历史和传统而不是抽象的观念来处理国会是否有权向殖民地征税的问题。柏克并不否认国会的权力，但是暗示应当基于可行性而不是理论上的动听来判断。如果臣民拒绝征税，所谓的理论上的权利就毫无意义。

1774 年，柏克公开竞选当时的主要港口和制造业中心布里斯托的议员。虽然柏克在当年 10 月成功当选，但他同布里斯托选民的关系却是较为紧张。因为柏克明确拒绝在他视为他们的狭隘地方利益的范围内行动。的确，柏克因为支持美洲殖民地的立场，以及开放爱尔兰贸易等，都是与布里斯托的利益相冲突的。这一问题也让柏克写出了众多关于代表问题的著作和演讲，最为知名的有 "就美洲事务致布里斯托司法行政长官书" 和 "就下院正在议决的爱尔兰贸易法案致布里斯托诸绅士的两封信"，以及 1780 年在布里斯托市政厅发表的演讲。柏克认为英国国会是整个大英帝国的审议机关，对帝国之全体人民的幸福负责，其成员因此必须考虑帝国之整体利益，而非仅仅是其部分民众的商业利益，这导致柏克在 1780 年落选。柏克随即当选为罗金汉姆控制的另一个 "口袋选区" 莫尔顿地区的议员。此后，柏克一直担任此职直至自下院退休。

柏克 1780 年开始推动王室薪俸制度的改革，主要是 1780 年 2 月 11 日发表的 "布里斯托国会议员埃德蒙·柏克致下院关于提出一项更好的保障国会独立性的计划"。柏克的立场相当冷静和理性，既是一个优良的理性计划来优化和改进王室和国会的财务制度，又是在提议以合理的名义限制王权经由安插闲差来施加影响的能力。柏克的计划在力度和范围有所减弱之后，其中部分内容在 1782 年罗金汉姆内阁时期被作为法案通过，这对意图限制王权的辉格党利益来说是必要的。

在 1780 年代，关于对印度的治理问题引起了柏克的极大关注，也使柏克的政治思考从 1770 年代主要是基于狭隘的党派政治立场转向超越了纯粹政治层面的更为宏大的人类正义和责任问题。那些视柏克为自然法思想家的学者将柏克对此问题的关注视为其信奉自然法并为之辩护的主要体现。18 世纪的印度是由一个私人公司——东印度公司来统治的，该公司自印度攫取财富，运送至英国。在柏克看来，经由殖民统治印度所造就的新的财富暗中改变着英国国内的政治格局，并对传统的地主权力基础构成威胁，也因之对英国宪法构成威胁。东印度公司所体现的政府原则要更为恶劣，因为它代表的是统治者的利益而非人民。这些问题令柏克深为忧虑，从 1781 年开始，柏克服务于旨在调查印度殖民地权力滥用的特别委员会，正式在议会中着手处理这一问题，随后在下院并努力在上院提出了对印度总督哈斯廷斯的弹劾指控。柏克认为，哈斯廷斯成了英属印度政府之各种坏事和危险的代表。由于哈斯廷斯并未违犯任何国会通过的法案，柏克不得不诉诸更高级的正义、治理责任以及普遍的人性等观念。柏克关于印度问题的著述显示出超越了政治实用主义的强烈的人文主义。柏克实际上也是在利用弹劾和审判作为舞台来传达真正的殖民地政府和统治者之责任的观念。柏克主张，征服者，对被征服者有一种道德责任，必须基于其利益来统治他们，东印度公司显然没有做到这一点。而且，新的政府有责任承认并接受这个民族已有的传统宪法。将一种独裁的体制强加于其上，是错误的，因为忽略了被统治者的需要和愿望以及无人有权拥有这种专制的权力。

虽然柏克希望自己在印度问题上的著作能为人所铭记，但其最为知名的著作乃是关于法国革命的著作，特别是 1790 年出版的《法国革命论》。这部著作，如其全称所显示的，是写给巴黎一位年轻绅士的信，解释了法国革命缘何不同于 1688 年的"光荣革命"，以及为何他自己不赞同法国革命，即便他本人曾是美洲革命者的同路人。柏克的反革命立场令其友人颇感诧异，使他在辉格党内被孤立，并引发了激烈的论战。最为知名的包括潘恩的《论人权》以及沃尔斯通克拉夫特的《为人权辩护》等等。

在柏克看来，法国革命并非只是政府的改变，而是根本的情感、风俗和道德的剧变，这些正是人们之间相互联系和交往的基本结构。在其中，柏克再次对抽象的权利概念进行了抨击。柏克主张，所有的人拥有平等的权利，而非相同的物品，政府秩序对保卫这些权利来说是必要的；权利，事实上正是源出于有序的、受统治的社会，而非自然状态。柏克认为，人类在本质上是社会的动物，在社会秩序中生生死死，因此必须尊重作为智慧之遗产的那种秩序的遗产。的确，个人的理性是如此不足以至于必须经常要受到外在的限制（社会的或法律的）的约束。柏克还指出人类有一种"正当的偏见"（just prejudice），引导人们敬重其长上、家庭以及宗教，而且这种偏见应当视为是人性的一部分。①

柏克的主要担忧是防止法国革命的观念输出到英国，基于此，他毅然与作为反对派的辉格党领袖詹姆斯·福克斯决裂，转而支持小皮特的托利党政府，这就造成了辉格党内的分裂，其中有部分离开福克斯加入皮特内阁。对此，柏克深为痛心，特别是面对那些关于他信仰和立场前后不一的指责。

对此，柏克主要在"新辉格党人对老辉格党人之呼吁"一文中做了说明。柏克回顾了其议员生涯，并将其所作所为与英国宪法相联系，从来都是以混合的英国宪法为依归，支持其一个部分对抗另一部分。

---

① Mario Einaudi. Burke on Rousseau. *The Review of Politics*[J]. Vol. 12, No. 2 .1950: 271–272.
J. G. A. Pocock. The Political Economy of Burke's Analysis of the French Revolution. *The Historical Journal*[J]. Vol. 25, No. 2 .1982:331–349.

柏克坚持其行为须放在具体的环境中来判断，而不是某些抽象的概念。他的一致性是出于对英国宪法的忠诚，而不是执迷于某些所谓的抽象概念。

在柏克生命的最后几年，其著述主要围绕着三个相互交织的问题：一是对侵犯印度人民权利的哈斯廷斯追诉的结局，二是试图再次影响英国和爱尔兰议会扩大爱尔兰天主教徒的权利，三是更为严厉地抨击法国革命。哈斯廷斯议案结案于 1794 年，同年柏克自下院退休；柏克惊异的是，哈斯廷斯被上院 1795 年裁决无罪释放。与此同时，柏克对提高爱尔兰天主教徒的待遇抱有很大希望。但是这种希望随着柏克好友、爱尔兰总督菲兹威廉伯爵在 1795 年被召回而变得十分渺茫。此外，柏克继续批评法国革命，1796 年先后出版了"致本届国会内某一员的两封信"、"论与弑君之法国的和平建议"以及其他信件和文字。1794 年，柏克挚爱的长子理查德不幸逝世，同年他接受了国王提供的一份 1200 磅的年金，并回到贝康斯菲尔德的宅邸。柏克接受年金，受到了许多辉格党人士的抨击，柏克在《致某贵族书》中作了回应。到 1797 年，柏克身体状况每况愈下，但依然保持活跃的通信，在该年 7 月 9 日因病去世。

总体来看，柏克的著述与生涯显示其在实践的和微观的层面上深深地与当时的政治和社会问题纠缠在一起。因之，欲探讨柏克的政治思想之于英国宪法在 18 世纪的发展的联系，则必须之于 18 世纪英国政治的实际语境之中。

二、18 世纪后期英国宪政转型的基本课题

既然本书的目的在于勾勒柏克与 18 世纪后期英国宪法转型之间的关联，那么一个前提性问题就是，18 世纪对于英国而言究竟能不能称

之为转型时期？如果答案是肯定的，则接下来的问题是，18世纪尤其是18世纪后期究竟在何种意义上作为英国宪政的转型期，或者说英国宪政在18世纪后期的转型体现在哪些方面？生活在此一时期的柏克与此一时代存在何种联系？笔者拟在此略作交代，后续诸章，亦主要围绕这些问题，详细讨论。

（一）英国宪政转型视野中的"18世纪"

首先需要指出的是，笔者在此所使用的"18世纪"，是英国史上所使用的"长的18世纪"（the long eighteenth century）这个概念。在英国史家看来，这个在纯粹的时间意义上扩展了的"18世纪"的概念，标志性的开端在1688年的"光荣革命"，止于1832年的议会"改革法案"。当然，对于何为英国的"18世纪"，学者们可以有自己的认识、理解，以及基于研究主题、便利的需要所作的各种不同的取舍。1700年可以说是18世纪的严格意义的开始，1714年英国的王族世系转变为汉诺威王室，某种意义上，也的确有很多研究者用以作为其所理解的18世纪的开端，将法国革命、1800年或者1815年作为18世纪的终结。例如，哈里斯（R. W. Harris）在《18世纪英国：1689—1793》（*1689-1793, England in the Eighteenth Century: A Balanced Constitution and New Horizons*）中将"18世纪英国"界定为自1688年"光荣革命"开始，直至1793年对法战争爆发结束。而安德森（M. S. Anderson）则将欧洲的18世纪标定为1713—1783年。安德森基于国际关系的考量认为，1680年代至1713年间的欧洲，是十七18世纪的过渡，该时期虽然有其特点，但其特征更多地属于17世纪而非18世纪。[①] 但是纪年意义上的新世纪在历史上很少标志着新开端，对英国来说，1714年虽然确

① R.W.Harris. *1689-1793, England in the Eighteenth Century: A Balanced Constitution and New Horizons*[M]. London: Blandford Press, 1963; M.S.Anderson. *Europe in the Eighteenth Century, 1713-1783*[M]. 3rd edtion, London: Longman Grooup UK Limited, 1987:1–2.

立了新朝廷，但并非确立一种新的历史秩序。1688 年的"光荣革命"与这些相比，其作为英国历史发展的分水岭意义是无与伦比的。按照弗兰克·奥格曼（Frank O'Gorman）的说法，1688—1832 年作为 18 世纪之开端和终结的另一个理由还在于，自 1688 年以降所确立的一种新的历史叙事，即以推翻斯图亚特王朝的绝对君主专制开始，以 1828 年之后的一系列改革法案终结。这一叙事的基本内容包括：走向适度的政治中央集权、寻求君主与议会关系的和谐共处、保卫新教王国以对抗天主教力量、工业、商业以及帝国的扩张等等。在弗兰克·奥格曼看来，1815 年（解决拿破仑–法国问题的欧洲维也纳会议）固然标志着一个伟大时代的结束，但并非一个新时代的开始，因为上述若干主题并未在 1815 年之后即刻凸显出来。1832 年改革法案的意义也许被夸大了，历史学家们现在也总体认为提出该法案的人们更多的是在尽可能地保守旧有的秩序，但 1832 年改革法案毕竟是一个旧世界、旧秩序走向终结的标志信号。事实上，诸多结构，包括政治的宗教的以及社会的，此后经历着急速的和决定性的转型。[1] 笔者总体上同意弗兰克·奥格曼的判断，"光荣革命"在英国现代历史上，无疑是其"第一场现代革命"[2]，如果说这标志着英国立宪君主制的现代起点，而 1832 年的议会改革法案，则是英国由贵族政治走向平民政治的标志性开端，处于此一期间的英国，经历的正是这一场全方位的现代政治转型。

我们可能已经注意到，无论是"光荣革命"还是 1832 年的议会改革法案，无疑都具有很强的"政制"色彩，或者宪法意义。这不仅意在表明笔者对 18 世纪英国政制或宪法发展、演变的中心关切，事实上宪法的变化、演进也的确是 18 世纪英国历史演变的重要面相。笔者认

---

① 参见 Frank O'Gorman. *The Long Eighteenth Century: British Political and Social History, 1688-1832*[M]. London: Arnold, 1997:xi-xii.

② Steve Pincus. *1688: The First Modern Revolution*[M]. New Haven: Yale University Press, 2009.

为，1688 年和 1832 年之间的英国，固然经历着全方位的现代历史转型，但这个长的 18 世纪是以其宪法（立宪）开始的，也是以宪法（议会改革）结束的，恰好是一个从非常政治（光荣革命）逐步过渡到日常政治的过程，并且堪称现代宪制转型的模范。英国史家也一直都把英国政制的发展、演变作为 18 世纪英国历史的一个不可或缺的基本维度。

哈里斯在《18 世纪英国：1689—1793》中认为，此一时期有三大方面具有特殊的重要性，首先是此一时期为英国宪法的古典时代，其次英国经济的扩张前所未有，第三则是此一时期取得了重大的文化成就，可称之为"启蒙时代"。[①] 在此，哈里斯将英国宪法的古典时期作为 18 世纪英国历史的首要面向。在哈里斯看来，1688 年之前，政府很大程度上是君主的个人事务，而在 1830 年之后则成为大臣和下院的事务。在这两个标志性的时间节点内，君主及其大臣，上院和下院的权力之间处于一种微妙的平衡状态，时人亦认为是英国政府体制的特有美德。国王是行政的首脑，他选择大臣并直接制定政策；下院并不替国王挑选大臣，但是国王如若意欲让其中意的某位大臣长期执政而下院不喜，也难以实现。这一微妙之处恰是 18 世纪宪法的本质所在。[②] 奥格曼在《长十八世纪史》（*The Long Eighteenth Century*）中概括了 18 世纪英国政治和社会的六大发展主题：一是英国内部结构的发展，即联合王国及英国民族的形成；二是宗教在国家生活和民众生活中的地位；三是社会秩序的凝聚力增强；四是带来了英国社会繁荣的商业和

[①] R.W.Harris. *1689-1793, England in the Eighteenth Century: A Balanced Constitution and New Horizons*[M]. London: Blandford Press, 1963:1–3.

[②] 哈里斯认为最值得注意的宪法变迁有二：一是法治的胜利，法律面前人人平等深入贯彻，上至国王下至平民，无人可以逾越法律之上；二是宗教宽容的发展，虽然并不彻底，如爱尔兰的天主教徒长期受到压迫，罗马天主教徒时常沦为暴民的牺牲品，但宗教宽容毕竟是 18 世纪的广泛实践。R.W.Harris. *1689-1793, England in the Eighteenth Century: A Balanced Constitution and New Horizons*[M]. London: Blandford Press, 1963: 1.

帝国的扩张；五是英国在欧洲的地位与影响；六是约束并限制国家权力的政治思想和实践的自由形式的确立。[1]

不过，对于 18 世纪英国的政治格局及其演变，英国史学界历来争议极多，大致有"政治稳定论"和"政治转型论"这两种基本主张。关于 17 世纪英国政治上的动荡，史家并无异议，因为英国在此期间确实饱受内战的困扰，长期难以安定。问题是"光荣革命"之后，英国政治秩序是否以及在多大程度上确立起来了，史学界并无定论。在1960 年代，杰克·普拉姆（Jack Plumb）教授在一系列讲座中提出，英格兰最终在 1720 年代中期获得了政治稳定。普拉姆的理由是辉格党对托利党的胜利，宫廷对乡村党的胜利以及行政权对立法权的胜利，还有范围很小的选举权、伦敦独立性的削弱以及苏格兰和爱尔兰相对平静等等因素。多年以来，普拉姆的这一看法被广为接受，即英国在18 世纪获得了确保其政治制度和民族独立的稳定的政治秩序。例如克莱顿·罗伯茨（Clayton Roberts）就主张，英国政治稳定在 18 世纪大为扩展，因为王权和议会之间的老问题业已一劳永逸地以议会的胜利而解决了。[2]

不过，在奥格曼看来，这些所谓的政治稳定论存在严重的结构性问题。简言之，普拉姆认为英国当时的政治稳定性乃是基于其社会和经济基础，实质上是诸多贵族集团利用其巨富操纵政治参与，尤其是选举；另外，辉格党在汉诺威王朝时期长期的一党政府也是 18 世纪英国政治稳定的重要因素。但是，新近的史学研究已经显示，普拉姆的论据存在严重问题。一是地主贵族权力的增长并非以新兴的中产阶级为牺牲品，相反，18 世纪的中产阶级持续繁荣壮大，一如其 17 世纪；

---

① Frank O'Gorman. *The Long Eighteenth Century*[M]. London: Arnold, 1997, pp.xii–xv.
② 参见 Diana Donald, Frank O'Gorman ed. *Ordering the World in the Eighteenth Century*[M]. New York: Palgrave Macmillan, 2006:87.

二是普拉姆严重低估了——托利党人——非辉格党人的政治力量。因为托利党中有相当数量的詹姆斯党人，并且密谋里应外合发动叛乱。在这种危急的情形下，所谓的政治稳定很难站得住脚。[①] 此外，对政治稳定论而言最具挑战性的质问是，这种所谓的政治稳定究竟持续了多长时间呢，是否受到严重的威胁？在奥格曼看来，18 世纪不仅难以称得上是政治稳定，相反却是持续的动乱循环，既有涉及王族世系更替的，如 1688—1689, 1715, 1744—1746 等年份的詹姆斯党叛乱，也有帝国事务方面的，如 1775—1783 年之美洲动荡，亦有宗教性质的，如 1798 年的爱尔兰复活节起义。概而言之，1688—1832 年间的英国政治，大约在平均 20—25 年就有陷入严重的内部危急的倾向，几大标志性的危机是 1688—1689, 1714—1716, 1744—1746, 1779—1784, 1797—1801, 1828—1832。[②] 奥格曼论及的这些危机的存在，并非是在玩何谓"危机"的文字游戏，其根据是，这些危机的发生，不是发生在一个政治秩序内部的危机，而且是事涉该政治秩序本身的危机。[③] 也就是说，18 世纪的英国的政治动荡，恰恰反映的是自 17 世纪"光荣革命"以来所确立的政治秩序本身的脆弱性，从另一个方面来看，也就是这一宪法秩序本身的艰难成长历程，或曰英国现代政治的"历史三峡"。

对此，迪金森（H. T. Dickinson）也有过十分到位的概括。迪金森指出："五十年前，研究 18 世纪英国的历史学家或许对何为其最重要的特征存在一致意见。这些历史学家强调的是英国的贵族性质和特点，主要是长期以来掌控政治和社会的地主精英。他们强调对有限君主制的广泛支持并突出为地主精英掌控的议会的地位，但也强调政府和议

---

① Diana Donald, Frank O'Gorman ed. *Ordering the World in the Eighteenth Century*[M]. New York: Palgrave Macmillan, 2006:88.

② Diana Donald, Frank O'Gorman ed. *Ordering the World in the Eighteenth Century*[M]. New York: Palgrave Macmillan, 2006:89.

③ Diana Donald, Frank O'Gorman ed. *Ordering the World in the Eighteenth Century*[M]. New York: Palgrave Macmillan, 2006:90.

会少有对英国臣民生活的干预。他们承认农业的重要性，但也意识到基于商业和工业进步的国家财富的增长。他们将英国视为启蒙的现代的社会，变得越来越城市化世俗化和宽容。他们会欢欣于英国与其老对手法国相比所取得的军事、海洋以及帝国的成功，但也接受美洲独立战争的失败。贵族、稳定、进步以及不断的繁荣被视为18世纪英国的主要特征。"① 时至今日，研究18世纪英国的历史学家却在此问题上陷入了分裂。有的认为英国与欧陆的旧制度类似，为君主、宗教和贵族精英所统治。有的则从使其成为欧洲和世界上最具活力和现代的社会的政治、金融经济社会和文化的变迁中看到了英国的重要意义所在。有的则强调18世纪英国的稳定性和凝聚性，有的则强调传统秩序力量和新时期内外面临的众多威胁之间存在的持续的动荡与紧张。有的坚持强调18世纪英国的政治和经济发展，有的则强调其思想的社会的和文化的发展。总之，历史学家们现在统一的是，18世纪的英国是一个充满生机的、多维度和多层次的社会，不通过努力考察其新旧、传统与活力、变迁与延续是无法理解的。②

正是基于此，笔者在考察柏克的政治思想之际，首要的考虑即是发掘出柏克的政治实践与英国18世纪的宪政秩序之间存在何种内在的关联。在此，笔者仅仅着重考察了柏克走上英国政治舞台之后直至其逝世期间的英国政治实践，并非全面考察奥格曼所概括的18世纪循环出现的持续政治动荡，大致是从1760年代至1790年代。在笔者看来，这一时期的政治冲突尤其引人瞩目。一是以乔治三世的继位为标志，英国基本上解除了汉诺威王朝的继位合法性问题，由此才真正给现代英国政治的从容进化提供了一个历史契机；二是以七年战争的结束为

① H.T.Dickinson. A Companion to Eighteenth Century Britain[M]. Oxford: Blackwell, 2002:xv.
② H.T.Dickinson. A Companion to Eighteenth Century Britain[M]. Oxford: Blackwell, 2002:xv–xvi.

标志，英国在 1760 年代初获世界霸权，一个帝国开始浮现；三是柏克步入英国政坛，开始实际参与英国政治的演变，从而也就为其政治思考提供了一个起点。之所以选取 1790 年代为主要的节点，则是着眼于 1760 年代之后英国乃至欧洲激进主义政治浪潮的风起云涌，以法国革命为其高潮。皮特·杰普（Peter Jupp）在《统治英国：1688—1848》一书中也把 18 世纪英国的治理分为两个部分 / 时期予以讨论，分别是 1688—1760 年和 1760—1848 年。[①] 笔者认为，这些基本的语境不仅是柏克本人政治思考的前提，也是英国宪政发展的基本维度，回应的正是早期现代民族国家宪政秩序变迁的基本课题：即君主立宪之下的王权、民主政治以及帝国的政治经济学。柏克的政治思考也正是在这几个层面上与 18 世纪的英国宪政转型存在密切的关联的。英国的这一时期历史—政治发展不仅具有对英国本身而言的特殊意义，置于早期现代的宪法转型视角下，亦具有普遍性意义。

（二）立宪君主制下的王权

"光荣革命"之后的英国宪法，一般称之为君主立宪制或立宪君主制。严格意义上的君主制是指国家为一个世袭君主所统治。立宪君主制有世袭君主，但君主在国家治理中的角色却受到宪法的极大约束和限制，完全不能和严格意义上君主制下君主的绝对权力相提并论。换句话说，立宪君主制实际上是一种有限的君主制，并不允许君主实际统治，实际上就是让君主"统而不治"。[②]

现在我们一般把英国视为立宪君主制的原型和典范，而且认为英国这一宪制是自"光荣革命"之后逐步确立起来的。这在较为宽泛的

[①] Peter Jupp. *The Governing of Britain, 1688-1848: The Executive, Parliament and the People* [M]. London: Routledge, 2006.

[②] Vernon Bogdanor. *The Monarchy and the Constitution*[M]. Oxford: Oxford University Press, 1997:1. 另参见 James Daly. The Idea of Absolute Monarchy in Seventeenth Century England. *The Historical Journal*. Vol. 21, No. 2, 1978:227–250.

意义上讲当然是可以成立的，不过，也正是由于这一结论的泛泛而论，实际上也就遮蔽了"光荣革命"之后英国宪法于18世纪所历经的虽然缓慢但却是极其重要的转型，即英国宪法18世纪的演进尤其是18世纪后期的演进究竟是在何种维度、层面上推进了英国君主立宪制的确立、成熟的。这是因为，虽然英国1688年"光荣革命"可以看做英国君主立宪制的开端，但英国君主立宪制的确立、成熟却是在19世纪完成的，经过了18世纪这一百多年的历程。威廉三世虽是"光荣革命"之后的第一位国王，但19世纪的维多利亚女王实际上才可算是英国第一位立宪君主。[1] 史家麦考雷（Macaulay）于1855年的《英国史》中指出："根据纯粹的立宪王权概念，君主统而不治，当前英国的立宪王权，比任何其他国家都更为接近其纯粹的概念。"[2] 弗农·波格丹诺（Vernon Bogdanor）指出："在维多利亚时代，立宪君主制获得了其现代形式。维多利亚之后的君主们皆按照白芝浩列举的立宪君主制的基本原理来进行统治——因为白芝浩的著作获得了其教义般的地位。的确，乔治五世、乔治六世、伊莉莎白二世以及威尔士亲王都学习过《英国宪法》。自维多利亚以来君主的角色的变迁是程度上的而非种类上的。到维多利亚时代终结之际君主模范的演化已经不存在基本的变化了。"[3] 也就是说，英国君主立宪制的牢固确立实际上是在19世纪中期，显然，这个长的18世纪正是其立宪君主制关键的转型发育期。

我们知道，立宪君主制的核心在于从宪法上确定君主的政治地位，或者说君主在实际政治中的角色问题。王权在英国的历史演进中一直是一个不可或缺的因素。从宪法的历史演进来说，英国宪法也可以概括为一部王权的规范、控制史。许多触发了宪法的非常时刻实际上都

---

① Vernon Bogdanor. *The Monarchy and the Constitution*[M], p.32.
② T.B. Macaulay. *History of England*[M], IV.ch.xvii, p.10.
③ Vernon Bogdanor. *The Monarchy and the Constitution*[M], p.41.

是由王权引发的。从渊源上看，立宪君主制可以追溯至 1215 年的《大宪章》对王权的制约限制，可以说是首次试图用精确的法律术语来表达立宪政府的主要观念。其中最为知名的条款是第三十九条，即非经正当法律程序，任何人不得被监禁。不过，我倒是同意弗农·波格丹诺（Vernon Bogdanor）的说法，《大宪章》的意义与其说在于其具体的条款，不如说在其所蕴含的两大基本原则：一是君主必须依法而治；二是个人权利高于统治者的个人欲望。①甚至有论者认为全部英国的宪法历史不过是《大宪章》的注脚。尽管如此，现代英国宪政的发育、成熟却是从"光荣革命"开始的。这是因为，《大宪章》的诸多条款更多是象征意义的，并没有获得其落实的可靠机制。这也是《大宪章》之后一直到 17 世纪内战之时英国众多宪法危机爆发的深层原因。"光荣革命"的成就在于，议会获得了制度性存在，具有改变王族世系的权力并经由权利法案限制王权的滥用。所以"光荣革命"不仅改变了君主的世系，也从根本上改变了君主据以统治的基础。君主被剥夺了对抗议会的宪法地位和独立性的权力。的确，自 1688 年以降，议会年年集会，君主则是议会的首脑。所以"光荣革命"之后的和解就使得君主成为议会的一员，即成为立宪的君主。最高权力此时就不再为君主所独享，而是和议会共治。基于此，也就不难理解为何洛伊斯·施沃雷尔（Lois G. Schwoerer）称之为"东西欧政治和宪法史上的分水岭，早期现代欧洲革命中在最有成效的意义上属于最伟大的革命"②。

　　但是，"光荣革命"之后的一系列限制王权的制度、机制得到了制度上的初步落实，但显然也是探索性的开端。王权虽然受到议会的实质性限制，丧失了绝对滥用的大部分空间，但王权依然是英国政治生活中不可或缺的关键性存在。议会至上虽是"光荣革命"的重大成果，

---

① Vernon Bogdanor. *The Monarchy and the Constitution*[M], p.3.
② 转引自 Vernon Bogdanor. *The Monarchy and the Constitution*[M], p.8.

但是 18 世纪的宪政实践则是国王和议会分享权力。君主依然享有着不经议会批准而加以行使的广泛权力，特别是任免大臣的权力和外交政策决定权。就英国的情况而言，直到乔治一世 1714 年即位，仍然可以说是君主在统治国家，虽然需要经由大臣的协助。哈里斯指出："虽然革命业已发生，一些具体的限制也已经施加于君主之上，但议会尚未确立对于行政权力的有效控制。国王依然是行政机关的首脑，大臣依然是君主自己的，议会每年只集会数月，而且也不可能天天监督政府事务。"[①] 此外，立法机关的立法职责相对说来还处于比较次要的地位，晚至 1830 年代，墨尔本（Melbourne）勋爵还对上院表示说国会立法只不过是辅助性的和偶然性的责任。正是由于立法机关之于政府管理的次要地位，乔治二世以及乔治三世往往能够忽略或者推翻大臣的建议，就战争和外交行动做出最后决定。[②]

这就是说，如何在制度层面确立防止王权滥用的宪法课题在"光荣革命"之后虽然不像"光荣革命"之前那么迫切了，但绝非就此不复存在了。事实上，18 世纪中叶以降，主要是从 1760 年代乔治三世即位开始，英国政治正是因为国王的权力积极作为引发了广泛的宪法争议和危机，在在拷问着正是"光荣革命"之后的宪政格局。[③] 这就表明，虽然"光荣革命"之后确立了王在议会的宪法格局，实现了对王权的制度性控制，也确实在很大程度上实现了防止王权滥用的宪政目标，但是由于保留了王权的现实政治地位，实际上并非确立起对王权的有效管控。也就是说，"光荣革命"确立的宪政体制依然存在很大的结构性缺陷。如何在维持既有的宪政格局下最大限度地实现控制

---

① R.W.Harris. *1689-1793, England in the Eighteenth Century: A Balanced Constitution and New Horizons*[M]. London: Blandford Press, 1963, p38.

② Vernon Bogdanor. *The Monarchy and the Constitution*[M], p.10.

③ Herbert Butterfield. Some Reflections on the Early Years of George III's Reign. *The Journal of British Studies*. Vol. 4, No. 2, 1965:78–101; John Dinwiddy. Party Politics and Ideology in the Early Years of George III's Reign. *The Historical Journal*. Vol. 20, No. 4, 1977:983–989.

王权的宪法目标，就进而成为 18 世纪后期英国政治必须面对的严峻课题。而且这一宪法任务又因为实际的政治冲突而变得愈加紧迫和必要。柏克本人身处这些政治冲突或宪法危机的中心，其政治思考的确把握到了众多政治动荡背后的宪法要素，并探索从宪法的层面上的因应之道。对此，柏克最为重要的思想贡献就是其关于政党的思考，不仅为应对王权的威胁提供了政治上有效的制衡力量，而且为政党的宪法意义做了关键的阐明，从而也就为此后政党政府的崛起奠定了一个至关重要的理论基石。

（三）政治激进主义的挑战

18 世纪的英国政治，虽然处于循环的动荡之中，但上半叶和下半叶则有所不同。18 世纪上半叶英国政治的动荡主要是詹姆斯党人的一系列叛乱给英国政治秩序带来的威胁，实际上还是"光荣革命"之余绪。而 18 世纪下半叶的英国政局，则显然已经度过了上半叶的革命危机，进入到另一种性质的变迁轨道。大致从乔治三世即位开始，在英国政治应对王权崛起引发的宪政危机的同时，以议会改革为主要诉求的政治激进主义潮流悄然兴起，开启了英国乃至西方的"民主化"进程。雷蒙·威廉斯从社会语言的变化中描述了此一时期内的这种政治发展。在威廉斯看来："从 18 世纪最后几十年到 19 世纪的上半叶这段时间里，一些现在来看非常重要的词汇首次进入英语日常用语的行列，或者原本已经普遍使用的词汇在此时期获得了新的重要意义。事实上这些词汇有一个总体的变化范式，可以把这个范式看做一幅特殊的地图，借助这张地图我们可以看到那些与语言变化明显相关的生活和思想领域所发生的更为广泛的变迁。"威廉斯认为工业、民主、阶级、艺术和文化这五个词对于绘制这份地图至关重要，因为"它们在这一关键时期用法的改变见证着我们在思考公共生活问题时特有思维方式的总体变化"。① 关于民主，威廉斯指出："第二个重要的词汇是民主。这个词源自希腊语，意为'由人民治理'，但到了美国独立革命和法国大革命时期才成为常用的英语词汇。威克利在《词语古今》中写道：直到法国大革命时期民主才不再只是一个文学词汇，而是成为政治词汇的一部分。……18世纪末到19世纪初，民主人士一词通常指那些危险而具有颠覆危险的暴民煽动者。正如工业及其派生词汇记录了我们现今所说的工业革命，民主和民主人士也通过进入日常用语，记载了美国独立革命和法国大革命在英国的影响，记录了英国人争取民主代议制的关键阶段。"②

现代英国政治中的激进主义渊源上可以上溯至17世纪英国内战（Civil War）中的平等派（the Leveller）。大卫·伍顿认为他们是"第一批不去考虑城邦内的参与政府而是思考在民族国家范围内建立代议制政府的民主主义者"。平等派的基本主张有："保持沉默与合法代表的权利；自由思想和自由辩论的权利；法律面前人人平等的权利和贸易自由的权利；投票的权利以及面对暴政进行革命的权利。"伍顿指出，理解平等派的意义必须认识到，"在平等派所提出的主要要求中没有任何一个以前曾经被旧世界真实存在的政府承认过，否则我们就无法理解他们的建议是多么的不同寻常，甚至在新世界，思想自由权利也只是经过了最艰难的努力之后才得以制度化。……平等派试图建立一个与以往存在过的以及从前人们所想象过的世界截然不同的政治与社会环境"。③ 不过，即便都被称为民主主义者，17世纪以平等派为主要代表的政治激进主义及其主张同18世纪后期的以议会改革为主要诉求的

---

① [英]雷蒙·威廉斯.文化与社会，1780—1950[M].高晓玲译.长春：吉林出版集团，2011:1.
② [英]雷蒙·威廉斯.文化与社会，1780—1950[M].高晓玲译.长春：吉林出版集团，2011:2-3.
③ [英]约翰·邓恩编.民主的历程[M].林猛等译.长春：吉林人民出版社，1999:84-85.

政治激进主义之间的联系相当微弱。而且，平等派与其说在当时的政治运动中不如说是在观念史中更有意义。[①] 因为"平等派运动十分短命，它的存在即使从最宽松的角度来计算，也不超过短短的四年，即1645 年秋到 1649 年秋。……平等派运动始于保王党在第一次内战中的败势已成定局之时，结束于克伦威尔和残缺议会处死国王并巩固了权力之刻。换句话说，它只是在出现了权力真空，缺乏明确建立起来的合法权威，也没有机构能够垄断军队的时候才存在过"[②]。

英国 18 世纪后期的政治激进主义大致有两个时期，一是 1760 年代围绕着威尔克斯事件所展开的议会请愿运动；二是法国革命前后英国的议会改革思潮。

应该说，"光荣革命"之后议会改革的主张虽然不绝于耳，但在 18 世纪上半叶并没有形成任何要求议会改革的政治运动，更不用说激进的改革了。那么，为何议会改革在 18 世纪下半叶之后此起彼伏，以至于可以称之为英国政治发展过程中影响巨大的激进政治运动呢？对此，吴必康教授主要从经济的以及阶级的角度做过解释。吴认为，18 世纪上半叶英国依然是农业国，工商业地位尚不突出，农业依然是经济的主导力量；其次，是英国依然受到来自詹姆斯党人的叛乱以颠覆"光荣革命"之政治成果的威胁，即"资产阶级还需与享有既得利益的资本主义化的贵族地主维持同盟以巩固'光荣革命'的成果，并不急于与之公开对抗"；第三，是"资产阶级与贵族地主的政治经济矛盾尚处在发展过程之中，资产阶级在思想、舆论和组织等方面也未成熟到足以发动一场向贵族地主争夺政权的大规模政治斗争"。[③] 在吴看来，1760 年代以降议会改革的兴起是英国工业革命的结果。吴的解释不能

① Leonard P. Liggio. Eighteenth Century Middle-class English Radicalism. *Literature of Liberty: A Review of Contemporary Liberal Thought*[J]. vol. III, No. 2, 1980.

② [英] 约翰·邓恩编. 民主的历程 [M]. 林猛等译. 长春：吉林人民出版社，1999:85.

③ 王觉非主编. 近代英国史 [M]. 南京：南京大学出版社，1997:328-329.

说没有道理，但是过于简单。事实上，激进改苫的主张并非仅仅是急剧工业化的结果，因为 1760 年代的英国工业化只不过刚刚起步。而且改革运动的发展，尤其是 1779—1785 年间的改草运动主要是在乡村地区，而非城市地区展开的。① 再如，此前史家多认为 1790 年代的改革运动是法国革命及其对英国社会影响的产物，将其置于和 19 世纪工人阶级的改革运动联系的发展线索上。它们被假定得到了相当多数的平民支持，因而就被视为群众抗议运动的催化剂的角色。不过需要注意的是，1790 年代的改革运动要早于法国革命的爆发，且与一般的流行看法相去甚远的是，改革团体的数量很快就被全国上下以及各行各业的保王党人和爱国派所超越。而且，改革派和爱国派之间的竞争几乎主导了 1789 之后将近 30 年之久的大众政治。②

实际上，18 世纪后期政治激进主义的兴起，与其说是经济的因素，不如说是"光荣革命"之后所形成的宪政格局存在内在的结构性缺陷。这一结构性缺陷的存在，导致了 1760 年代乔治三世王权的复兴，加剧了政治的动荡。自威尔克斯事件以降的议会激进改革运动的兴起事实上是英国宪政本身的危机，威尔克斯的个人遭遇只是使得这一宪法层面的问题得到了充分的展现，进而赢得了广泛的共鸣，尤其是新兴的中产阶级的支持。事实上，1760 年代的激进改革运动的主要成员也正是中产阶级人士。我们知道，18 世纪上半期的英国政治相对平静，相当程度上可以归功于辉格党集团的优势寡头统治；这个占据优势的辉格党寡头集团，主要是贵族集团构成。但是乔治三世即位以来，其通过王权影响议会，企图实施个人统治的作为随即带来了辉格党政治上的失势，众多丧失政治权力舞台的辉格党贵族势力实际上也对王党势力的扩张强烈不满。因此，王权的扩张和强势实际上造了两股反对力

① Frank O'Gorman. *The Long Eighteenth Century*[M]. London: Arnold, 1997: 222.
② Frank O'Gorman. *The Long Eighteenth Century*[M]. London: Arnold, 1997: 242.

量，一是部分辉格党贵族集团，一是新兴的中产阶级。本来中产阶级和贵族集团之间存在着政治利益上的冲突，但是王权对于宪政体制的威胁则促成了他们的联合。这就导致了 1760 年代的激进改革运动中部分贵族集团同改革派的合流，最终推动了激进改革运动的兴起。

面对激进议会改革运动的兴起，柏克的态度实际上比较复杂。由于对手都是破坏了英国宪政平衡的王权势力，这就为罗金汉姆党支持激进派并寻求合作提供了基础。但同时，毕竟他们不赞同激进的议会改革，因而又必须与激进派保持距离。作为罗金汉姆辉格党的一员，如何在共同的宪政目标下实现对王权滥用的监督和制约并同时与激进改革势力保持必要的政治距离就成为柏克思考的中心。对柏克来说，关键问题不在于要不要改革，而是要进行何种方式的改革。柏克说得很清楚："无论何时我们进行改革，为以后的进一步改革留下余地都是正确的。为审视我们自己，对我们已做的工作进行检查加以考虑也是必要的。然后，由于我们以明智开始，我们才能有信心地继续进行下去，""我的改革思想中的一个主要部分就是要求逐渐行动，某些好处将在较近时期内到来，某些好处则须待较远的时期。急于求成，欲速则不达。"① 但是对于法国革命前后的激进改革运动，柏克的反对立场是比较明确的。法国革命本身的激进发展尤其是后来的恐怖后果进一步加剧了对平民政治的担心。这也是为什么柏克的《法国革命论》最后成为英国上下的"共识"的原因。笔者认为，柏克政治思考的意义正在于其既坚决对抗试图颠覆宪法的王权扩张与腐败性"影响"，同时也抵制大众的狂热的政治激情，坚持的是一种政治变革的"中庸之道"，坚守的是政治审慎的美德。这种态度和立场，对于处于转型之中

---

① 转引自王觉非主编. 近代英国史 [M]. 南京：南京大学出版社，1997:336.

的英国政治来说，既是最为亟需的，也是最为可贵的。[①]

（四）帝国的崛起及其政治经济学问题

18世纪后期英国政治的一个日益突出的主题就是帝国问题。帝国问题之所以在18世纪后期的英国政治动荡中愈加凸显，是与英国在此时的欧洲乃至世界的帝国霸权地位的确立相联系的。一直以来，欧陆诸国对海外殖民地的争夺存在激烈竞争，不过，经过一两个世纪的此消彼长，英国逐步取代最初的西班牙、葡萄牙、荷兰等列强，确立起海外殖民地竞争的有利态势和优势地位。18世纪英国海外殖民地争夺的主要对手是法国，但是"七年战争"的胜利，使得英国将在美洲将法国势力驱逐殆尽，并自西班牙手中夺得佛罗里达，全面确立其在美洲的殖民霸权。疆域的大幅度增加，使得一个庞大的帝国正式成为英国历史演进的一部分。

的确，现代英国的历史一方面可以看做是其帝国的扩张史，但是帝国疆域的扩展特别是在海外殖民地的扩展，却在另一方面对英国的帝国治理提出了严峻挑战。具体而言，包括两个主要的并且也是不可避免的方面：一是帝国的控制这个老问题，即如何有效地行使对殖民地的权威，而且由于距离遥远的现实原因，殖民地民众正在形成他们自己的民族认同；第二个问题则要复杂得多，涉及帝国之治理对于国内政治的影响问题。对欧洲文明来说，帝国的记忆是遥远的希腊和罗马，皆由盛而衰，直至消亡。18世纪的政治思想承接文艺复兴以来对于历史的考察，着眼的正是古典帝国的兴衰及其教训。面对帝国疆域的扩展，思想家们以及政治家们的心灵也经历着焦虑——帝国的崛起似乎是注定如同希腊罗马等古典帝国一般最终难免衰亡的命运。因为

[①] 参见 Sanford Lakoff. Tocqueville, Burke, and the Origins of Liberal Conservatism[J]. *The Review of Politics*, Vol. 60, No. 3 .1998: 435–464.

帝国的繁盛依赖于武力，随着财富的泛滥，以及外来风俗的影响，最后必然导致社会道德和美德的腐化堕落。[1] 就英国政治来说，18世纪后期先后遭遇美洲问题、爱尔兰问题以及印度问题，皆是围绕着上述两大问题展开的。帝国究竟如何处理其与帝国之组成部分之间的政治联系，并形成何种政治秩序，以及如何克服帝国对内政的消极影响，即成为英国政治的现实课题。

美洲问题是18世纪后期英国帝国问题的开端。英国政府为缓解七年战争积累的巨额战争债务试图课税于美洲所引发的美洲问题，即成为对长期以来略显"放任疏忽"的帝国治理政策的首次考验，并以北美十三殖民地独立告终。围绕着美洲问题展开的讨论、争辩，以及最后美洲殖民地独立的不幸后果，直接导致了对帝国治理的深刻反思，进而成为英帝国命运中最为重要的转折。美洲问题发生在七年战争刚刚结束之际，帝国似乎更加强大了，令所有人始料未及的是，帝国内部的危机随即就全面爆发，并最终导致"第一英帝国"的解体。[2]

柏克亦在此一时期步入英国政坛。可以说，柏克在英国政坛之为世人所瞩目，事实上也正是从处理美洲问题开始的。对美洲问题，柏克自始即从宪法的层面来思考和应对。在一系列著名的著述和演讲中，柏克明确指出了美洲问题的英国政治根源，尤其是宪法层面的"症候"，而且论及了这一冲突对英国宪政的影响。尤其重要的是，柏克以美洲问题为切入点，首次较为系统深入地讨论了英国所正在面临的"帝国问题"，并提出了基于宪政主义的帝国治理策略。以美洲问题为界，史家一般把七年战争之后的英帝国称之为"第一英帝国"，而将美洲独立视为这一帝国的解体。虽有柏克的极力呼吁，然终究于事无补，

---

① Iain Hampsher-Monk. *The Political Philosophy of Edmund Burke*[M]. London: Longman Group, 1987:15.
② 参见郭家宏. 从旧帝国到新帝国——1783—1815年英帝国史纲要 [M]. 北京: 商务印书馆，2007:28.

阻挡不了这一解体的发生。不过，历经美洲独立的事变，帝国确实对其帝国治理进行了深刻反思，在在呼应着柏克的帝国思考。

科雷教授（L. Colley）指出，不列颠从美洲独立战争中至少可以学到的一个教训是：需要的是一种不那么放任的、更为集权的帝国结构。[①] 奥格曼亦认为，美洲殖民地的丧失之后乃有 1784 年的印度法案（the India Act of 1784）、1791 年的加拿大法案（the Canada Act of 1791）以及 1800 年的合并爱尔兰法案（the Act of Union with Ireland），确非偶然。[②] 郭家宏指出："第一英帝国瓦解之后短短 30 多年时间里，英国便在旧帝国的废墟之上，迅速建立了一个地域更为广阔、控制更为有效、体制更加灵活的更有活力的崭新帝国。"[③] 对此，兰福德（Paul Langford）有过生动的描绘和概括：

> 18 世纪 80 年代经济增长的速度令那些将丧失十三个殖民地视为英国繁荣之丧钟的人们感到困惑。自 1783 年起，联合王国在欧洲大陆和海外的外交声望和影响都显著恢复。1788 年和 1789 年法国事态的惊人发展表明，这个英国长期以来的敌人和对手，即使不消亡，至少也会伤筋动骨，元气大伤。一个控制世界贸易和版图的帝国重新焕发了活力。
>
> 许多外国观察者和访问者都对英国印象深刻，认为它是 18 世纪国家中的奇迹。对权力和财富的传统分析无法解释其成功。当时国际上的多数成功都与统治者的性格或政府体制的特点有关。英国的几代乔治几乎无法与路易十四或腓特烈二世相比。英国靠

---

① Linda Colley. *Britons: Forging the Nation, 1707-1837*[M]. New Haven: Yale University Press, 1992:145.

② Frank O'Gorman. *The Long Eighteenth Century*[M]. London: Arnold, 1997:199, 313-314, 325-326.

③ 郭家宏. 从旧帝国到新帝国——1783—1815 年英帝国史纲要 [M]. 北京：商务印书馆，2007:9.

其国债，及其显然无穷尽的自我借贷能力证明了其作为一部战争机器的威力。但它缺乏欧洲大陆军事国家所拥有的大部分军力，并且曾在此前那个世纪与自己的臣民发生冲突龃龉时在较量中失利。从任何外部标准来看，其新闻都非常自由。总体说，人身自由方面英国远远好过了其他地方。宗教自由和宽容具有比其他多数社会更久远和更稳固的基础。国家的慈善机构得到了，如果不能说是普遍的，至少也是广泛的支持。所有这些都表明，英国不是一个高度军事化、君主专制或官僚国家，而是一个充满自信的私有制政体，虽然有些自负。在法国大革命前夕几乎感觉不到这场革命预示着什么。外国人以及不列颠人很容易把大不列颠群岛视为一个新式而现代之地，集经济增长、政治成熟与帝国力量于一身，其规模非其他国家能比。与一个世纪前的路易十四相比，路易十六遭到的羞辱只会更加突出英国取得的明显进步，巴士底狱的废墟鲜明地衬托出温莎的辉煌。1689 年时不安全感是英国国内最显著的特征之一，而 1789 年时则几乎没有了这种迹象。①

　　正是基于美洲独立对帝国治理的深刻反思，英帝国才能在第一帝国的废墟之上迅速且成功地重新实现帝国的辉煌，即"第二英帝国"的成功崛起，在 19 世纪实现了帝国"日不落"。显然，从英国帝国发展的这一转轨出发，柏克的帝国思考显然在作为针对现实的英帝国问题之外，亦具有现代帝国治理的普遍意义。

---

① 兰福德 .18 世纪英国：宪制建构与产业革命 [M]. 刘意青、康勤译 . 北京：外语教学与研究出版社，2008:224–225.

第三章
政党政治的先声——柏克论政党

> 坏人植党，好人必须联合；否则的话，他们会逐一落马，在一场不光彩的战斗中，成为无人可怜的牺牲品。……总有一天人们会明白，即使最梗正的人，也有必要结党，但他们明白的时候也许已太晚了。
>
> ——柏克：《论当前不满原因之根源》

在当下各个民族国家中，尤其是在西方发达国家，政党政治无疑是其十分突出的特色，尽管并非其唯一的特色。在国家的政制结构以及政治运行过程中，政党这种政治组织几乎贯穿了每一个环节，从政治代表的选择，到政治决策的形成、执行，无处不存在政党的这一"幽灵"。恰如宪政在世界范围内的号召力一般[1]，政党以及政党政治显然已经成为现代国家政治的基本构成要素，不可或缺。如果我们把现代西方的政制发展置于现代性的视角来观察，则西方的现代性历史也同时是一部现代宪政主义的发达史，而与以权力分立和制衡以及保障人权为基本内核的宪政主义的演进相伴的，正是现代政党以及政党政府的全面崛起。

在今日的各个宪政国家中，政党以及政党政府扮演着相同的必不可少的积极政治地位和宪政角色，但考其渊源，英国无疑是政党政府

---

[1] 关于宪政在世界范围内的号召力，参见弗里德里克. 超验正义 [M]，北京：生活·读书·新知三联书店，1997: 1.

的先行者。然而，即便在英国，英国政党政府的形成也是历经坎坷，非横空出世者也。光荣革命之后，虽然君权神授的绝对专制王权得到有效遏制，但英国此时乃至此后相当一段时期并未立即形成一种政党政府和政党政治的宪政格局。英国政党政府体制的确立，虽然是19世纪英国政治发展的突出特征，但其最为关键的孕育期，实是"光荣革命"之后尤其是18世纪宪政变迁的后果之一。而在这一宪政变迁过程中，埃德蒙·柏克在实际政治实践中所提出的政党理论，为政党的合法性进行辩护，事实上为政党政府体制的最终形成做出了最为关键的理论准备。也就是说，表面上看，柏克政党理论的提出，是受到了现实政治形势的激发，甚至是有其所属党派政治诉求的利益考量，但是从英国宪法变迁的视野来看，其中的论辩事实上乃是对"光荣革命"以来英国宪法内在的模糊地带或有待澄清的权力结构与平衡问题的恰切回应。这种内在的宪政问题虽然在18世纪上半叶没有产生明显的宪政危机，但在乔治三世即位以来的第一个十年内，却越来越凸显其紧迫性和必要性。而柏克对政党问题的思考、阐发，正是对这种内在的宪制缺失或不完善进行补救的必要措施。笔者认为，柏克的政党理论的提出与实践，乃为现代英国政制转型提供了相当重要的工具资源，并为英国现代政治的成熟并由此支撑着一个帝国的现代国家构建奠定了坚实的宪制根基。笔者将在梳理英国18世纪后期宪政演进背景的基础上，发掘柏克的政党理论之于英国宪政转型的思想意义。

一、柏克政党理论的政治背景

柏克对政党进行最为系统的阐发是在于1770年出版的《论当前不满原因之根源》一文。卡尔·科恩（Carl B. Cone）指出："1770年无论是对于英国政治史还是柏克而言都颇具纪念意义，这是因为一部意义重大的著作之诞生。柏克的《论当前不满原因之根源》不仅仅是面对当时的政治情势的党派言论，尽管它针对的是即时的听众。但该文对于未来含义深刻。因为它是第一次试图就政党的性质和功用，甚至其必要性作出说明。……柏克对于政党的讨论标志着政治思想和实践的一个新时代，并且当其所示最终得到认同，一个英国宪政发展的新阶段亦就此开启。"① 然而，在相当长的一段时期内，柏克是无意于追求其政治生涯的，更不要说就政党问题作出较为系统的讨论了。在1765年之前，柏克的著述虽然表明柏克的兴趣广泛、视野开阔，但并未涉足政治或政治哲学。因而，柏克真正开始投入政治并以之为业实际上始于1765年。1765年1月，柏克开始担任正在准备组阁的罗金汉姆侯爵的私人秘书，同年12月经由罗金汉姆的支持，成为温多佛市的下院代表。之前的将近十余年间，柏克可以说一直是一位文学人士，与政治殊无太多瓜葛。同此后柏克对于英国政治以及历史所带来的深刻影响相比，柏克此前的著作似乎并无太多关联，甚至根本不是什么政治性著作。

柏克进入下院之后，在对罗金汉姆内阁的证词进行辩护中立刻显现出了杰出的才干。尤其是在罗金汉姆对美洲殖民地的政策上，撤销印花税法案同时作出主权宣告，柏克的演讲使他立刻赢得了灵活稳重的声誉。不过，我们必须注意，柏克此时在罗金汉姆辉格党内的地位不可因此过分夸大，事实上，柏克的影响力特别是对罗金汉姆的影响力至少这个时期内是十分有限的。② 不过，由于此前的文学经历，柏克从其最初追随罗金汉姆辉格党起即被赋予为该党之政策进行辩护和宣传的重任。在1766年初，柏克撰写了《对晚近一届短期政府的简要

---

① Carl B. Cone. *Burke and the Nature of Politics* [M]. University of Kentucky Press, 1957:195.

② 恰如柏克自己所称："我并非爵爷的领导，除我自己的行动外也从未对任何人的行动作出回应。"见 Burke to Dr William Markham, post-9 November 1771, Correspondence, II, pp.269-270。

观察》(*A Short Account of a Late Short Administration*),就第一届罗金汉姆内阁的施政进行辩护。但是这个小册子并没有产生多大影响,也没有任何迹象显示同他后来的政党理论有什么联系。

因而,我们可以看出,柏克在参与政治之前以及即便在柏克已经实际参与政治,此一时期也并未形成什么关于政党的理论。卡尔·科恩指出:"在这一时期,他对政党的性质,政党在英国政治体制中的地位或者一个政党在作为反对党之时应该表现的态度都没有明确的概念。"[①] 但是,到 1770 年前后,柏克却已经开始在阐述其政党理论的若干细节问题了。因之,考察柏克的政党理论我们首先必须面对的一个问题是,这一理论的渊源何在,或者说,柏克的政党理论由何而来?

概而言之,柏克此时对政党的阐发实是英国政治环境的产物,是对英国政治演变及其背后的思想基础作出的必要回应。从宏观层面而言,柏克必须对"光荣革命"以来辉格党所主导的政制结构的正当性进行重构并对乔治三世登基以来种种危及此一政制结构的举动以及这些举动背后的理论基础作出回应;从具体层面而言,则柏克必须对其所属的罗金汉姆辉格党人的政治立场以及政治诉求作出系统的辩护,以为将来的执政作准备。

我们先来看宏观层面的政治背景。概而言之,乔治三世即位以来,由于王权的积极作为,不仅打破并终结了 18 世纪上半叶持续了四十余年的辉格党政治优势,造成了持续的政治不稳定,而且使辉格党,尤其是柏克所属的罗金汉姆一派感受到一种直接的宪政威胁——王权的复活。正是乔治三世即位以来的第一个十年间由于在现实政治中的积极作为所带来的宪政危机,才使得辉格党人重新正视"光荣革命"以来宪政格局的巩固问题,并继续重申"光荣革命"的宪政理念。而且

---

① Carl B. Cone. *Burke and the Nature of Politics*[M]. University of Kentucky Press, 1957:144.

由于王权积极作为的同时伴随着为王权的宪政合法性作支撑的理论，这就迫使辉格党人不得不在重申革命原则的同时，积极思考粗具宪政构架前提的宪政改良问题，以及这一宪政改良的论证和可行性问题。正是在这一种新时期新形势的宪政危机之中，柏克提出了关于政党以及政党的宪政作用等充满审慎和睿智的政治洞见，为未来英国宪政的发展指明了前进的基本方向。

要理解这一宏观背景，这就有必要从英国党派政治的起源说起。我们知道，辉格党和托利党联手发动的"光荣革命"之于英国宪政最大的后果就是英国议会主权的确立。虽然"光荣革命"之后导致了诸多亟待解决的政治问题，但此后英国政制确实是朝着一个固定的方向发展，"这就是王权逐渐受到限制而衰落，而议会的权力却节节上升，终于超过了王权，成为英国政治中掌握最高权力的机构"[①]。这主要是辉格党人与托利党人利用议会这一平台，通过一系列法案来限制国王的权力而实现的，这就逐渐形成了国王"统而不治"、议会的权力不断扩大的立宪君主制的政治体制。吴必康教授指出，在"光荣革命"时，由于新国王威廉和玛丽是被辉格党和托利党"邀请"来共同统治英国的，国王的权位就在事实上为这两个党派操纵。并且对威廉和玛丽来说，既然是靠了议会里的两党才得以入主英国的，所以对议会限制王权的措施就不得不屈从。同时，"光荣革命"是在反对詹姆斯二世的口号下进行的，限制王权自然也就顺理成章。此后辉格党和托利党利用他们所控制的议会，进一步削弱国王的权力，提高议会的地位。《权利法案》规定："为了缓解[臣民]苦难，为了修改、加强和维持法律，议会必须经常举行"；议会在 1689 年制订的《叛乱法》规定，平时必须经过议会同意才能征集和维持军队，而且这支军队只能维持

---

① 王觉非主编. 近代英国史 [M]. 南京：南京大学出版社. 1997:184–185.

一年。该法令通过后，每年都要重申一次，以免国王破坏。另外，议会还对王室预算的金额和用途作了限制性的规定，议会的这一规定是为了防止国王在财政问题上有不正当的行为。① 为了保证议会能经常召开，防止国王排斥议会而独断专行，议会在 1694 年制定了一个《三年法》，规定议会至少每三年召开一次；各届议会的任期也不得超过三年。在英国立宪君主制建立过程中，1701 年的《王位继承法》具有重要作用。《王位继承法》除了有关王位继承的资格和顺序的规定外，还规定国王所作的任何决定必须由同意该决定的身为枢密院成员的政府大臣签署。此外，还规定以后法官的更动权不再属于国王而属于议会，以后凡议会定罪的人，国王都不能任意加以赦免等。这些法案的通过，就确立了议会高于王权、司法独立于王权的原则。②

尽管如此，但是我们不能就此认为王权在政治中不再发挥实质性作用。事实上，尽管自从"光荣革命"以来，君主制下最高权力的法治化过程一直处在不断发展的过程中，但国家的最高行政权仍在国王手中，最高行政权从国王向内阁转移的过程并未完成，从宪法的角度来看，国王在国家政治生活中仍然具有实质的重要作用。

虽然王权发展的趋势在 18 世纪上半期是不断受到限制的，在乔治一世、乔治二世统治时期，由于他们是作为汉诺威王室被选为英国的王位继承人，本身对英国政治相当陌生，这就造成了王权长期在政治上对议会的弱势。由于在这一时期，辉格党人长期占据议会多数地位，形成了事实上的政治寡头垄断格局，因而，王权的弱势就表现为辉格党派的强势政治的凸显。这种政治局面虽然存在权力对比的不平衡，但也在一定程度上保持了政治的长期相对稳定。

---

① 参见王觉非主编.近代英国史 [M].南京：南京大学出版社，1997:186-187；以及 E.N.Williams. *The Eighteenth Century Constitution, 1688-1815*[M].1979:29-46.
② E.N.Williams. *The Eighteenth Century Constitution, 1688-1815*[M].1979:49-50, 56-60.

但是，乔治三世即位以来，这种政治稳定局面即告终止，且政治动荡不断加剧。和乔治一世、二世两位国王的弱势不同，乔治三世在继位之初，即明确表示要积极行动，显示王权的力量，从而改变了 18 世纪上半叶长期的政治稳定局面，于是政治动荡不断加剧。乔治三世积极加强王权的行动的出现不是偶然的。在 18 世纪 50 年代所涌现出的以柏林布鲁克为代表的拥护王权独立的"王政思潮"可以看作是其思想背景，这股王政思潮，积极抨击议会中辉格党派的寡头政治统治，认为他们侵害了王权的合法范围，危害了宪政平衡，主张王权独立于议会，发挥实质性作用。[1] 在这种思想氛围中，乔治三世联合之前长期失势的托利党人，形成了新的王权势力，"国王的政治优势已牢固地建立起来，他的意志就是对大臣的法律，而大臣在议会两院中都拥有压倒多数……人民与议会的争端消失了，这是一个政治上的冷漠时期。权力平衡的重心，在沃波尔内阁时，是由上院滑向下院，现在却是从议会滑向君主"[2]。

如前所述，王权从相对弱势走向某种程度的"复兴"不是偶然的，某种意义上也是对辉格党长期的"寡头统治"的反弹。但是，这些政治态势的发展使部分辉格党人尤其是罗金汉姆辉格党一派看来，一直以来表现弱势甚至沉寂的王权，现在表现出复兴的趋势，甚为值得警惕；同时也使他们确信，国王的权力正在日益走向危险的边缘，已经对"光荣革命"以来的宪政格局构成了新的现实的威胁。英国政治的

第三章　政党政治的先声——柏克论政党

---

① H. T. Dickinson. *Bolingbroke*[M]. 1970: 252, 290, 264. 另参见 William D. Liddle. "A Patriot King, or None": Lord Bolingbroke and the American Renunciation of George III[J]. *The Journal of American History*, Vol. 65, No. 4 (Mar., 1979): 951–970; David Armitage. A Patriot for Whom? The Afterlives of Bolingbroke's Patriot King[J]. *The Journal of British Studies*, Vol. 36, No. 4 (Oct., 1997): 397–418; George H. Nadel. New Light on Bolingbroke's Letters on History[J]. *Journal of the History of Ideas*, Vol. 23, No. 4 (Oct. – Dec., 1962):550–557; Pat Rogers. Swift and Bolingbroke on Faction[J]. *The Journal of British Studies*, Vol. 9, No. 2 (May, 1970): 71–101.
② 参见王党非主编. 近代英国史 [M]. 南京: 南京大学出版社，1997:294.

任务即在于抵制并击退这一危机宪政平衡的新趋势，找到具有实际可行性的制度、机制，寻求新的合法性证成。应该说，罗金汉姆党人，特别是柏克，身处于此一政治的漩涡之中，对这一宪政的内在危机有着切身的体悟，因而作出了切实的把握，并进行了极富建设性的思考。

在政治局势的动荡之外，这些辉格党人觉察到王权之于宪政威胁的例证，一是美洲局势的不断恶化；二是围绕着威尔克斯事件引发的政治冲突。

美洲的局势不断恶化，在罗金汉姆一党看来，本来已经为印花税法案的撤销所缓和，现在乱局再起，正在于其政府政策的反复。而能够平息局势的政策之所以出现反复，恰恰是由于不正当的政治势力的影响，使得坚持原则采取明智政策的内阁难以持续。在他们看来，这种国内所存在的不正当影响的政治势力，是围绕在国王四周的那些王权派或宫廷派。

如果说乔治三世即位以来的政局动荡已然使罗金汉姆辉格党人觉察到了王权势力的崛起，那么威尔克斯事件的出现则使得相信王权势力已然危及到了英国宪政的根基所在。

威尔克斯（1727—1797）本为国会议员，出于对乔治三世加强王权的不满，经常在其主编的《北方不列颠人报》上发表针对国王及其"国王之友"政府的抨击，引起乔治三世的不满和嫉恨。1763 年 4 月，威尔克斯在该报第 45 期上刊载文章，直接抨击国王及其政策，宣称国王不过是头号治安官，执行君主权力时要向人民负责；在任命大臣的"特别职责"中，国王与最低下的臣民都是平等的。他还警告国王不得步斯图亚特王朝专制君主的后尘，高呼"自由是英国人民的特权"。此文刊出后，令乔治三世极为震怒，乃由大臣直接下达未指明逮捕何人的非法逮捕令，拘捕 40 余人，并破坏议员受保护的司法特权，操纵下院将议员威尔克斯除名后投入伦敦塔，搜查其住宅。由于政府此举不仅侵犯威尔克斯本人的合法权利，而且显然违背英国的自然正义原则，伦敦民众在威尔克斯被捕后接连举行游行示威。[①] 5 月，威尔克斯受审之时，法庭内外聚集的民众有数千人之多，而且群情激奋。"威尔克斯与自由"亦由此成为英国的一个政治口号。[②] 虽然乔治三世及其政府没有达到审判威尔克斯的目的，却在威尔克斯获释之后操纵下院以绝对压倒多数通过决议，宣布《北方不列颠人报》第 45 期违法，还作出决议：议员不受逮捕的特权不适用于"写作和发表煽动性诽谤的案件，也不应阻碍法院迅速有效地对罪恶滔天和危险的罪犯提出控诉"，并命令公开焚烧该报。威尔克斯被迫出逃法国，议会随即将他除名，并宣布为逃犯。1768 年，议会大选之时，威尔克斯回国参加中塞克斯的议员选举并获胜。但下院以其散布煽动性的和有伤风化的言论为由，将其驱逐，即威尔克斯曾"诽谤"国王和议会，通过决议剥夺其议员资格。不久，威尔克斯又因此被判处 22 个月的徒刑和大笔罚款。这种针对威尔克斯本人的报复激起了民众的强烈不满，于是，威尔克斯又接连三次被选为中塞克斯议员，但下院均不予接纳。最后，由受宫廷党指派的路特莱尔出面与威尔克斯竞选，结果威尔克斯得票 1143 张，而路特莱尔仅得票 296 张，但下院依然宣布路特莱尔当选中塞克斯议员。[③]

威尔克斯事件的发展导致的另一个后果就是政治激进主义在 18 世纪后期英国政治的崛起。在威尔克斯被审判的 3 月，伦敦民众举行了大规模的抗议活动。[④] 5 月，将近数万群众聚集在圣乔治广场要求释放威尔克斯，军队开枪射击广场上的群众，当场打死 6 人，打伤多人，

① G. Rude. *Wilkes and Liberty: A Social Study of 1763-1774*[M]. Oxford: Oxford University Press, 1962:30.
② 王觉非主编. 近代英国史 [M]. 南京：南京大学出版社，1997:287-288.
③ 王觉非主编. 近代英国史 [M]. 南京：南京大学出版社，1997:288.
④ G. Rude. *Wilkes and Liberty: A Social Study of 1763-1774*[M]. Oxford: Oxford University Press, 1962:17, 55.

此即著名的"圣乔治广场屠杀"①，进一步刺激了民众的不满情绪。自 1769 年 5 月起，英国国内出现了声势浩大的请愿抗议运动，要求恢复威尔克斯的议员资格，捍卫政治民主权利。② 在请愿运动中，虽然各郡和城市的请愿书显得较为温和，措辞恭顺，内容多限于要求恢复威尔克斯的议员资格，只有少数请愿书要求解散议会。但是，请愿运动中也出现了众多的激进主义政治改革组织和政治主张，如伦敦"权利法案支持者协会"就是激进政治改革的代表性组织。他们的请愿书强烈抗议国王和政府破坏法制肆意屠杀人民、践踏选民权利，还抗议北美殖民政策破坏了英国工商业的发展，并要求恢复威尔克斯的议员资格，解散议会并重新举行大选，撤换托利党大臣等。著名的尤利乌斯信件则公开警告乔治三世："如果英国国王遭到痛恨和蔑视，他将必然是不幸的。而这大概就是唯一的政治真理。国王应信服它，不可以身相试。""仿效斯图亚特王朝行径的君主，其下场也将是一样。"此信毫不掩饰地警告：这样的国王会失去王冠。③

　　威尔克斯事件的发生，之于英国宪政的演进是极其关键性的。一方面，它使已经在政治上失势的辉格党人，特别是罗金汉姆这一派认为王权的影响不仅正在"死灰复燃"，且业已危及到"光荣革命"之后经由限制王权所形成的宪政平衡；另一方面，威尔克斯选举事件直接导致了 1769—1770 年的议会改革情愿运动，由此分化出 18 世纪后期英国政治当中激进主义的一脉。因此，对罗金汉姆辉格党人而言，如何不仅在政治实践上，而且在理论上对抗王权复兴及其不当的政治影响对宪政的平衡的危害，同时又不至于同政治激进主义的宪政改革浪潮合流，就是十分重大和紧迫的课题。

———————

① G. Rude. *Wilkes and Liberty: A Social Study of 1763-1774*[M]. Oxford: Oxford University Press, 1962:66.
② 参见王觉非主编. 近代英国史 [M]. 南京：南京大学出版社，1997:290.
③ 参见王觉非主编. 近代英国史 [M]. 南京：南京大学出版社，1997:290.

而从微观层面来观察，柏克此时撰写《论当前不满原因之根源》的另一个政治背景是与罗金汉姆党自其内阁倒台后遭遇的政治困境有关。

罗金汉姆辉格党人将其所遭遇的政治困境归因于国王的宠臣布特（Bute）。[①] 在罗金汉姆党人看来，内阁的迅速倒台乃是布特影响的结果。罗金汉姆辉格党显然夸大了布特对国王的影响，自其 1763 年 4 月离职之后这一影响已大为下降，不过"布特神话'的问题牵涉出重大的宪法问题，如国王任命大臣的特权的限度，国王和他的大臣的关系，内阁大臣和立法机关的关系等等。这就在罗金汉姆党人和乔治三世之间造成了互不信任的鸿沟，进而使得罗金汉姆党人在 1766 年内阁倒台之后耿耿于怀。因而，从某种意义上讲，柏克的政党理论是罗金汉姆党人对布特勋爵的一种回击：以政党为基础的政府将使亲幸宠臣主导政府变得不可能。在这一点上，柏克实际上是在表达罗金汉姆的意见，或者说，柏克对政党的阐发，在十分现实的意义上讲，是其党内领袖——罗金汉姆及其党派的声音。[②]

在柏克写作的同时，由于 1769 年威尔克斯事件而起的请愿运动正在火热开展并不断升级。罗金汉姆党人期待着格拉夫顿内阁的倒台并由皮特和罗金汉姆取而代之。但谁来领导呢？柏克关于政党的著作致力于这一问题所引发的争辩。柏克尽力显示罗金汉姆党人的领导要比皮特上台更好。当然柏克必须以一种尽可能隐晦和巧妙的方式加以显示，以防激怒皮特，从而使之破坏本来就十分脆弱的反对派同盟。在

---

① John Brewer. The Misfortunes of Lord Bute: A Case Study in Eighteenth Century Political Argument and Public Opinion[J]. *The Historical Journal*, Vol. 16, No. 1, 1973:3–43.

② 奥格曼指出，为了同布特和皮特对抗，柏克将其党派的原则与传统的辉格主义联系起来。对柏克而言，捍卫宪法。保持汉诺威王室的统治，以及向国王提供建议以治理国家，乃是 1760 年代的辉格党人的职责所在。国王和布特要为排斥国家的传统治理者来履行公共职责的危险举动负责。这些看法可以说与罗金汉姆辉格党为的领导们未曾明说的假定不谋而合。柏克将辉格党传统巧妙地应用于罗金汉姆辉格党，以适合于其本质上的排他性和合作精神。参见 Frank O'Gorman. Edmund Burke: His Political Philosophy [M].2004:26.

1769 年的特定形势下，为了确立罗金汉姆作为反对派领袖的地位，柏克是在为罗金汉姆党人的宪法原则进行辩护并反对皮特一派的立场。在政党问题上，的确，皮特的立场和罗金汉姆十分不同。皮特对政治中有计划的联合深恶痛绝，他希望保持行动的独立和自由，直至国王任命他来组阁，他还希望国王拥有完全的任命大臣的特权。这些都和柏克与罗金汉姆党人没有任何妥协的空间。柏克的政党理论实际上正是对罗金汉姆党人拒绝妥协的说明和证明。

随着威尔克斯事件所导致的宪政请愿运动的持续蓬勃开展，格拉夫顿内阁倒台在即，这对在野的罗金汉姆党来说，正是一次重新组阁的机遇。如何在分立的辉格党派势力中阐明、澄清其政治纲领进而进一步团结辉格党的力量上台执政，并实现其约束王权的宪政目标，也是十分必要的。

我们知道，柏克曾在罗金汉姆内阁倒台之际，写过《对晚近一届短期政府的简要观察》(*A Short Account of a Late Short Administration*)，就第一届罗金汉姆内阁的施政进行辩护。这篇文章回顾了这任内阁的成就，极尽赞誉之能事，但是实际上未能解释如此成绩斐然的内阁何以难以维持。柏克此文掩盖了致使该内阁倒台的长期的内部分歧。因此，在重新上台组阁的前夜，必须结合当前的以及历史的政治现实进一步把辉格党特别是罗金汉姆一派所坚持所奋斗的政治纲领完整、系统、清晰地呈现出来，为赢得支持做好宣传准备。事实上，这也正是柏克在《论当前不满原因之根源》一文的现实政治目的之一。弗兰克·奥格曼指出，柏克此时推出其政党理论至少还有另一个动机，那就是藉此来加强本党内部的团结。一如对各种政府体制的辩护，柏克的"论不满"正是罗金汉姆党人的辩护词。这也是罗金汉姆本人希望看到的。他希望柏克的看法也能为他的朋友的立场辩护。"我希望它能普遍的并且是在现实的和牢固的原则基础上来组织和团结一个政党。"

柏克认为这一点是取得了成功，"这是我们党的政治纲领"。"人们还从来没有对呈现在他们面前的本党原则有一个清楚的了解——我想能够得到他们的赞同。"到 1770 年 5 月，他确信论不满"已经赢得了最善于思考的那部分人的认可"。对柏克而言，这种政党理论，业已实现了它当下即刻的政治目标。[①]

因此，我们可以看出，无论是从宏观的层面还是微观的层面来看，1770 年前后的政治局势都使得罗金汉姆党人必须作出回应，以正视听。正是在这种现实的政治背景下，柏克撰写了《论当前不满原因之根源》，着力阐述当前政治局势的乱象及其王权影响的根源，并提出了应对的措施——即政党，从而为现代政党制度的滥觞作出了极其关键的理论准备，并为英国宪政演进的政党政治前景指出了基本的方向。

二、柏克政党理论的主要内容

在写作《论当前不满原因之根源》一文之前，柏克最初涉及政党的阐述见之于《对近著〈当前国家状况〉的考察》（以下简称《考察》）。柏克写作《考察》，是为了回应格伦威尔（Grenvill）的支持者威廉·诺克斯（William Knox）在 1768 年 10 月出版的一本小册子，题为《当前国家状况：以贸易财政为中心》（*The Present State of the Nation: Particularly with Repect to Its Trade , Finance*。）诺克斯在其中认为，英国在七年战争中所取得的胜利令人怀疑，事实上 1763 年合约的签订使得国家局势要比一般人所设想的更为糟糕。高额的战争债务需要持续的高额征税来偿还。而法国则不为债务所困，经济正在恢复。战争结束后两年以来，格伦威尔政府所采取的明智的和审慎的政策已经使国家迈上了正规的轨道。后来的内阁的愚蠢建议撤消了格伦威尔

---

① Frank O'Gorman. *Edmund Burke: His Political Philosophy*[M]. 2004:28.

的政策已经使得国家正在债台高筑。只有格伦威尔重新执政，并实施负责任的财政管理，才有国家复兴的希望。诺克斯直接表示对取消印花税法案的不满，并指责罗金汉姆内阁懦弱地屈从了压力团体。当前正需要格伦威尔的强势手腕，诺克斯建议恢复格伦威尔的殖民地征税计划。他估计，能够从美洲每年征收 20 万磅，从爱尔兰征收 10 万磅，国家的债务因而得以缓解。同时，他还建议美洲殖民地向西敏寺派遣代表，爱尔兰可以获得贸易特许权。①

　　《考察》的前三分之二的篇幅都是在对诺克斯著作中的细节进行反驳。② 在《考察》余下的三分之一篇幅内，柏克则转向对罗金汉姆党人的辩护，某种意义上是对 1766 年罗金汉姆内阁倒台之际所写的《对晚近一届短期政府的简要观察》（"Short Account"）一文的扩充。非常值得注意的是，《考察》中柏克特别就罗金汉姆一直坚持的政党团结的原则做了辩护。他进行论述的方式比较有趣：他没有抽象的论证政党，而是基于经验和传统，不是诉诸形而上学而是历史：

　　　　党派的分化，总体而言无论好坏，是自由政府所不可避免的。我相信，这一真理，虽稍有争议，但已经由所有时代的普遍经验所确立。

---

① F. P. Lock. *Edmund Burke, 1730-1784*[M]. Volume I, Oxford: Oxford University Press, 2008: 260–261.

② 在 "Observation" 一文一开始，柏克表示，公共的精神和克制使得 "一个令人敬重的党的朋友们" 在饱受针对他们的攻击时保持了沉默。但个人所受的污蔑或许为人所忽略，但公共所受的伤害则要求反击。随后柏克不仅论证了罗金汉姆内阁的功绩，而且对诺克斯所描绘的国家所面临的危险进行了驳斥。柏克纠正了诺克斯关于英法两国财政惊人的误解并显示他对于财政的无知。柏克指出，诺克斯夸大了英国债务，而低估了法国的情况。柏克预计，法国整个体制将出现若干异乎寻常的动荡（这几乎是一个神奇的预言，虽然得以确证的日期是大大地延迟了）。然后柏克开始批评诺克斯的建议，诸如在爱尔兰和美洲增加税收但更为公平的分配，议会代表的改革以包括殖民地代表，以及更为严格的执行《航海条例》。柏克批评道，格伦威尔和诺克斯擅长于财政的小智，沉溺于对帝国相对独立的部分的管制和限制，却遗忘了 "他们的古老习惯，他们的意见，他们的境况和他们的情感"。这种政治识见倾向于设计出在外观上完美无缺而实践上极度危险的政策，导致与其说是政治的不如说是形而上学的问题。

但是，《考察》（"Observation"）一文中也仅仅止步于此，并未进一步就此进行展开。柏克对政党的系统阐发主要见之于他于1769—1770 年间撰写并于 1770 年 4 月出版的《论当前不满原因之根源》一文。①

《论当前不满原因之根源》的结构并不复杂。整篇的大部分都在讨论新的王权体制的影响，并分析之于国王本人、王室、议会以及国家的后果。而在文章的最后，柏克集中阐述了他的政党观念，也是作为他对这个混乱国家的最后一丝希望。从结构来看，柏克是在文章的最后集中提出关于政党的辩护的，但正是这一部分赋予此文以重大意义并使其从一种即时之论中脱颖而出。② 这是因为，柏克不仅详细阐述了政党在政治中的必要性，以及建党的一般原则，更指出了政党之于宪政即英国宪政的意义所在，这些基本上都成为英国宪法在 19 世纪的内阁制度的思想渊源，勾勒了政党政府基本的雏形。

在分析了正在兴起的王权体制之于英国政体的重大威胁后，柏克认为，除非依托于下院的反对派组建坚固团结的政治联合，即政党，履行其制约政府即监督王权滥用的职守，舍此别无他法。但是，通行的观念却认为结党无异于营私，很类似于中国之"君子不党"的观念。这种反对政党或政治联合的看法尤为王权派所提倡，即：

> 所有的政治联合，究其实质，都是植党以乱国的，所以理应剪除之，毁灭之；凡组阁，须仅依个人才具为准，先由宫廷的佞幸们评断才具之高下，然后征募于公共人员的每一党每一派。③

---

① 关于柏克《论当前不满原因之根源》的写作背景，参见 F. P. Lock .Edmund Burke (Vol. I, 1730–1782), Oxford University Press, 1998, pp.259–285.

② Carl B. Cone. *Burke and the Nature of Politics*[M]. University of Kentucky Press, 1957:198–202.

③ 柏克 . 论当前不满原因之根源 . 译文参见柏克 . 美洲三书 [M]. 缪哲译 . 北京：商务印书馆，2003:292.

对此，柏克反驳道：

  有联合，人们相互之间才可以便捷地示警，起而抵御罪恶的阴谋。有群策，故能看穿它；有群力，方能抵抗它。而散兵游勇，不齐心，无秩序，少原则，则相互间的示警，就不可指待了，既无以集众策，也无以抗暴敌。人与人之间，互不知对方的原则，未见识过各自的才具，不曾戮力于事，故而通其性，达其情；相互间无信任无友谊，无共同利益；要这样的一些人，欲其履行公共的职责而步调一致百折不挠有绩有效，我知其必不可也。在联合中，即便最微贱的人，也因依附整体的力量而有价值，有用益；但脱弃了联合，则纵有雄才大略，也是万难服务于公众的。一个人，倘非激于虚荣，自大而狂妄，是不会自诩为擎天之独柱的，或以为一支孤军，东一枪西一棒的，即足以击溃狡诈的阴谋和有野心的公民结成的妖党。坏人植党，好人就必须联合；否则的话，他们会逐一落马，在一场不光彩的战斗中，成为无人可怜的牺牲品。[①]

在柏克看来，政党是自由社会所不可或缺的：

  我承认，在政治结盟中，人们经常染上狭隘偏执和党同伐异的作风；公益之心，常沉沦于党派的小利益。但是想尽职守，是不能不占据要地的，我们该做的是远离这要地的邪害，而不是弃逃……政治的联合也是如此；对于克尽公共的职守来说，它是必不可少的，至于它容易堕落为乱国的朋党，却只是偶然事不经有的。社会固然由家庭构成，但自由的社会，也是由党派构成的；就好比我们天然的情感和血缘必有其害处即容易使人成为坏公民那样，党派的纽带，也容易削弱我们对国家的忠诚。……在最伟大的联合中，最有爱国心者是每每提倡并推进这种联合的。政见相同，这一句话在他们那里是友谊和亲附的主要理由；至于在此之外，还另有什么办法能形成更牢固更可爱更尊严和更有德的习惯，则非我所知。①

而且，柏克还诉诸英国的历史本身，认为英国曾经的光荣正是来源于辉格党的联合：

在我国历史上最幸运的时代之一，国家就是由某一联合来统治的，即安妮女王御世的时代——那伟大辉格党之联合。……当时的辉格党人相信，获得权利的唯一恰当的途径，是通过患难中结成的友谊和时危节见的忠诚。②

我们可以看到，在论证政党之于政治的必要性的时候，柏克从历史以及政治的经验出发，可以说是首次就政党进行了清晰的界定，与派系或贬义的乱党、朋党作了明确区分，也较为系统地从正面肯定解释了政党何以有益和必要的原因。柏克指出：

人们结为政党，是为了依据他们共同认可的某一原则，同心协力，以推进国家的利益。为自己的政见自信甚坚，或认为他们将有功于世，却拒不采取手段付之于施行——这样的人我是不知

---

① 柏克 . 论当前不满原因之根源 .2003:293–294.
② 柏克 . 论当前不满原因之根源 .2003:295.

其可的。理论哲学家的正业，是划定政府的固有目标。而政治家即行动哲学家的正业，则是寻找恰当的手段、并有效地施行之，从而抵达这些目标。所以说，凡正直的党派都应公开的声明，自己的首要目的，就是采用每一正当的手段，把政见同于自己的人推至要路之津，使得以动用国家的全部权力和权威，把他们的共同纲领付诸实行。既然这样的权力，是附着于某些职位的，因此他们的义务就是争夺这些职位。在不排斥其他党派的前提下，他们必须在所有的事情中优先考虑本党的利益；绝不能私打算盘，在本党之全体被拒于权力的门外时，却接受他党提供的位子；也不能在公务中或会商时，任由那些反对本党之基本原则的人、甚至反对每一正派的联合赖以存在的基础者，去引导他们，控制他们，或力量超过他们。这样追求权力，是大大方方的，这些原则是大丈夫的原则，他与宵小之徒的争权位，贪俸禄，区别是晓然易见的。[①]

其次，柏克特别强调了政党成员和政党的关系进行了说明，这也是政党的实际意义所在。柏克指出：

建党的一般原则，在应用的时候，成员们必须要一致赞同，假如他不同意建党的原则，当初就该选择另一党，即更投合他的政见者。假如拿不准问题的性质，或问题不是很重要，那么作为个人就应该克制，应该偏袒他慎重选作朋友的人，这样的话，他会每每默从大家的观点。你往东我往西的事，自然就少；只要不破坏和谐，不搅扰本党的安排，就可以爱怎样就怎样。所有这些，是过去最步调一致最牢不可破的联合所要求的特征。[②]

---

① 柏克 . 论当前不满原因之根源 .2003:297.
② 柏克 . 论当前不满原因之根源 .2003:299–300.

有论者指出，柏克对"当前所存在之不满"的分析并无多少可信度。虽然他在文中成功地使人注意到1760年代的政治的不同寻常即不稳定性，诸如内阁更迭的频繁、政府的虚弱和缺乏民意基础，以及政治联盟的分裂等等，所有这些柏克眼中的危象或者乱象，均非起源于宫廷的阴谋所致。历史学家业已普遍不再相信国王之友的神话。即便是在乔治三世的宠臣布特勋爵当政之际，宫廷从来就没有什么企图来破坏宪法中议会的地位或者让内阁依赖于宫廷。而且，虽然国王无疑对政党联合表示厌恶以及不愿意内阁具备政党基础，柏克所称的宫廷启动了一种政策乃从正式的内阁中攫取权力并安排自己的心腹的计划，也是子虚乌有。即使他们有这种设想，乔治三世和布特是否有这种能力也是很值得怀疑的，更不用说实际去执行了。实际上，他们既不具备这种政治技巧也缺乏勇气来发动一场宪法革命。①

但正如卡尔·科恩（Carl B. Cone）所指出的："任何对柏克讨论王室权力影响加以评论必须清楚柏克写作此文的目的。它无意做一种细致的历史考据。其中的雄辩、想象和充满党派之见乃是为了劝说，为了引起恐惧，为了使大家对内阁大臣制度改变有所准备，并且要为罗金汉姆党所收到的派系指责正名。如果说柏克使宫廷体制描绘得过于系统，这是因为对传统的惯例之安全感到担忧。如果他们被摧毁，专制和腐败将取得胜利。如果说柏克谈到的双重内阁或者内部政府或者阴谋集团已经从表面的大臣手中夺取了对国家的控制属于纯粹的臆测，这些乃是政客们谈论对手的惯用伎俩以使其丧失信誉。当柏克说这些影响是潜伏的、暗中滋长的、邪恶的以及凶残的，他只不过是故意歪曲。表述的夸张显示了他的爱国主义以及强化其所建议的是国家避免

---

① Frank O'Gorman. *Edmund Burke*[M]. London: Routledge, 2004:30–31.

罹难的策略的正当性。柏克是尊重君主制的。他希望通过防止其堕落来保持其尊严和光辉。他也没有把专制的野心加诸于国王，但他以其忠诚和同情，将他描述成了一位无助地被别有用心之徒——他们运用着超出法律之外的必要的广泛的影响，主导着政府的权力——所包围的统治者。柏克指出，无疑，这就是当前的邪恶；他们是那些缺乏公共信任、公共意见、天然的联盟或相互的信任，拥有'政府的全部权力的'人带来的。"[1]

还有研究者指出，柏克只不过是偶然间就政党进行了讨论，将这部分论及政党的内容从《论当前不满原因之根源》中抽取出来，实乃是断章取义之举。柏克并无所谓"政党理论"，也并非预见到所谓19世纪英国的政党制政府。对柏克而言，政党只不过是自由政府的政治生活的一个事实，而且是一个好人和坏人之间永恒的斗争的不幸的副产品。[2] 对此，我们需要看到，柏克讨论政党这一部分，并不是可有可无的，而是《论当前不满原因之根源》的有机构成，甚至是最为重要的一部分。因为柏克在文章的最后将行文的逻辑阐述得很清楚："假如读者相信，在我国的确有一个我所描述的帮派，一个违逆人民普遍意愿，以宫廷一己的好恶统治国家的帮派；这个帮派在施展阴谋蛀蚀我们自由之基的同时，还削弱了政府的所有行政权力，使我们受外国的蔑视，使我们内政不理，扰攘不清；——读者若相信这一点，那么他也会相信：除非活跃于公共舞台上的人，牢固地联合起来，并得到全体人民真心而一致的支持，则我们是不可能战胜这一帮派的。人民将看到，恢复公共人物对公益的关心，恢复宪政的固有原则，是非常必要的。尤为要紧的是，他们要尽量地约束下院，不让他僭取那不属

① Carl B. Cone. *Burke and the Nature of Politics*[M]. University of Kentucky Press, 1957:202.
② F. P. Lock. *Edmund Burke: 1730-1784*[M]. Volume I, Oxford: Oxford University Press, 2008:295-296.

于它的身份，他们应尽量使下院的存在权力和特权，独立于别人，而只依赖他们自己。"[1] 所以，讨论"政党"这一部分正是对"当前不满原因"的进行分析之后的落脚点，也是对这些原因作出思考的一个负责的态度，缺少这一部分恰恰是不完整的。

三、柏克政党理论的意义
——基于英国宪政转型视角的观察

判断柏克政党理论的贡献，或者说评论其性质和意义，可以约略从两个方面言之。一个是思想史的视角，一个则是从英国宪政成长的视角。但是这两个视角并不应该割裂开来，而应该相互结合起来。

柏克在《论当前不满原因之根源》中对政党的辩护似乎只是一个政治思想史事件。的确，当柏克认识到政党具有积极地不可缺少的作用时，还没有理论支持他的观点。根据萨托利的研究，马基雅维利和孟德斯鸠有时被作为在肯定的意义上看待政党的先驱，但更多的是持消极看法。[2] 萨托利认为，英国人柱林布鲁克才是广泛论及政党的第一位主要学者。尽管柏林布鲁克似乎在政党和宗派之间作出了某种程度的区分，但同时也很明显地指出它们都是祸患。就基本立场而言，柏林布鲁克是反对政党的。[3] 而柏克在取得这一认识上的突破之后，世界对于政党的态度也并未立即发生多大变化，甚至在相当长的时期内依然如故，政党并未因为柏克作出令人惊叹的辩护就变得受人尊敬。在法国大革命时期，由于严酷的现实和宗派主义的毒性，对这

---

[1] 柏克.论当前不满原因之根源.2003:302.
[2] 参见萨托利.政党与政党体制 [M]. 王明进译. 北京：商务印书馆　2006:15–16; 另参见 Caroline Robbins. "Discordant Parties"：A Study of the Acceptance of Party by Englishmen[J]. *Political Science Quarterly*, Vol. 73, No. 4, 1958:505–529.
[3] 萨托利.政党与政党体制 [M]. 王明进译. 北京：商务印书馆，2006:18.

些革命主义者而言，政党和宗派都是"反对国家的阴谋"。而在独立获胜之后的美洲，虽然政局不如法国革命期间动荡和恐怖，但对政党的观念并未有什么不同。在联邦宪法通过之前的辩论中，麦迪逊在《联邦论》第十篇中指出："通过宗派我认识了一些公民，不论他们在数量上是多数还是少数，他们被某些共同的爱好或利益驱使而联合起来，而鼓动起来，侵害其他公民的权利或社区永久的和集体的利益。"麦迪逊认为，联邦将有助于克服并控制党争的暴力，而党争曾经是并且依然是人民政府危险的缺点。不过麦迪逊也指出，党争的原因无法消除，只有通过控制其影响才能求得解决。[①] 不仅是麦迪逊，美国第一任总统华盛顿在任期届满作告别演讲时对美国人提出了四点忠告，第二条就是"反对政治派系之争"[②]。杰弗逊虽然可以视之为现代政党的组织者，但对于政党的态度和柏林布鲁克的立场相当接近，他表示一旦共和党人的原则深入人心且完全确立，其政党就是一个注定要终结或无论如何要削弱党派偏见的合法性政党。"假如我非同一个政党一起就不能进入天堂，我宁愿永不进入天堂。"[③] 可以说，领会并普遍认同柏克关于政党的判断是十分晚近的事。詹姆斯·布莱斯（James Bryce）1888 年出版的一本关于美国的书中指出："一个自由的大国没有政党是不行的，没有人能告诉我们，没有政党代议制政府如何还能运行。"1942 年，夏特·施耐德（E. E. Schatt Schneider）在《政党政府》（*Party Government*）中指出："应该直截了当地说，政党创造了民主，现代民主没有政党是难以想象的。"[④] 事实上，直到柏克关于政党的论

---

① 麦迪逊的立场实际上和休谟十分类似。

② 王绍光．民主四讲 [M]．北京：生活·读书·新知三联书店，2008:168–169.

③ 关于博林布鲁克和杰弗逊政党观念的相似性，参见 H.C.Mansfield, Jr. Statesmanship and Party Government[M]. Chicago:University of Chicago Press, 1965:113, 196; H. C. Mansfield, Jr. Party Government and the Settlement of 1688[J]. *The American Political Science Review*, Vol. 58, No. 4 (Dec., 1964): 933–946. 另参见王绍光．民主四讲 [M]．北京：生活·读书·新知三联书店，2008:169.

④ 王绍光．民主四讲 [M]．北京：生活·读书·新知三联书店，2008:169.

说出现将近一个半世纪之后，他所定义的那种政党才在英语世界出现并取代了宗派。[1]

那么，我们究竟如何来看待柏克此一政治思考的意义呢？

首先，柏克在《论当前不满原因之根源》中所提出的"政党论"具有政治思想史上的"突破意义"，或政治哲学的思想突破。我在这里所谓的政治思想的突破，借用的是美国社会学家帕森斯（Talcott Parsons）"哲学的突破"的概念，帕森斯根据韦伯对于希腊、希伯来、印度和中国这四大文明的比较研究，指出在公元前一千年之内，这四大文明恰好都经历了一场精神觉醒运动，思想家开始以个人的身份登上了历史舞台。余英时也用其来概括诸子百家兴起的性质和历史意义，认为"先秦诸子的哲学突破是中国思想史的真正起点，支配了以后两千多年的思想格局及其流变"[2]。正如余英时所说，哲学的突破是一个具有普遍性的概念，同样可以界定柏克的政党思想的性质和意义。在西方政治思想史上，尤其是英国政治思想史上，柏克对政党的系统性辩护是有开创之功的。在此之前，政党的存在尚无合法性证明；而在此之后，以柏克的思考为基础，则政党政治的发达指日可待。特别是，在19世纪上半叶，英国宪法最为明显的发展即是两党政治和政党政府的崛起。如果说，思想是行动的先导，则19世纪政党政治之勃兴，若无柏克关于政党的思想突破，实在是难以想象的。因之，这是柏克对英国政治思想史的伟大贡献。

但是，我们必须注意，不可以过分强调柏克的思想史意义。在我看来，柏克的政党论最值得注意的乃是其之于英国政治特别是英国宪政本身的成长的意义。柏克对政党的讨论，是他关于当前英国宪政实

① J. A. W. Gunn. Influence, Parties and the Constitution: Changing Attitudes, 1783–1832[J]. The Historical Journal, Vol. 17, No. 2, 1974:301–328.

② 参见余英时. 史学研究经验谈 [M]. 邵东方编. 上海：上海文艺出版社，2010:54–60.

践的思考关联在一起的，这既是柏克讨论政党的基本语境，也是其目的所在。虽然从动机上讲，不无党派利益的私利考虑在内，但是柏克在其中一以贯之的是对英国宪政格局的考察，他所观察的表面上是纷乱的政局，但是背后却是宪政的内伤；他所推论的皆是宪政危机任由发展所极有可能带来的宪政危局；而他试图尝试提出的挽狂澜于既倒的政治联合——团结的政党——因而也是宪政重建的必要进路。所以柏克强调，虽然"自革命以来，向不曾有人阴谋破坏议会的存在"，但是"公众的自由在我们中间，亦如在我们祖先那里，总是见恶于张三或李四的；欲图更张政制，以侵害我们的宪法，绝不少机会。这样的企图，自然随时代情势的不同而方式有别"。"因为他们的苦难，不是我们以前遭受的那种，不是我们蒙受于都铎王朝或因之而报复于斯图亚特王朝的苦难，于是就说：我们现在没有苦难，那是混不成道理的。"①

　　因之，柏克在《论当前不满原因之根源》中对于国事危象的概括、对其之所以至于如此境地的原因、危害的分析，以及最后将政党作为解决此种危机的必要措施，其渊源是英国本身的政制现实，其目的也在对英国政制的完善与成熟。如前所述，英国在"光荣革命"之后，虽然实现了对斯图亚特王朝之专制王权的极大制约，特别是通过了一系列标志性的宪法文件将其确立下来。但是这一"光荣革命"及其系列宪制成果的取得，并不意味着英国宪法的成熟，毋宁是一个新的开端。正如伯尔曼所指出的："《权利法案》并没有明白地对所有王室特权领域进行限制。它没有在协商中限制国王独有的决定对外政策或任免大臣和法官的权力。更进一步讲，它没有废止王室召集、中止和解散议会赦免议会弹劾的官员，以及否决议会制定法的权力。还有，国

---

① 柏克.论当前不满原因之根源.2003:217.

王可以继续通过依职权的王室官员（禄虫）之议会成员身份来施加影响。一旦即位，威廉尽其所能地运用和扩大这些权力。""在 1701 年法案中其冠名进一步限制国王和保障人民权利和自由法，解决了大多数关于光荣革命最终重要性的疑问，威廉三世不断地提出这些疑问以重申王权至上。"①

所以，英国宪法实际上面临着一个如何从非常政治到日常政治的转型，也就是如果从斯图亚特王朝的君权神授或绝对君主专制向议会的或立宪的君主专制转变的问题，即实现革命的反革命之问题。尽管现实的政治环境使得威廉三世之后直至汉诺威的前两位国王治下英国并未发生根本的宪法危机，但是在乔治三世即位之后，正是这些模糊的有待进一步明确的宪法问题的存在，不仅带来了王权的强势作为所导致的政局动荡，也使得正视并解决这些宪法课题的紧迫性得以凸显。

大致说来，柏克政党理论的提出大致在三个方面于此一政制的转型存在高度相关性。其一，是内阁制度；其二，在于政党政府的形成；其三，在于政制改革的中庸之道。

首先，柏克的政党理论促进了英国内阁制度的发展与完善。史家一般将英国宪法上内阁制度的起源追溯到 18 世纪初期的沃波尔执政时期。白芝浩在论及英国宪法上这一制度时写道："英国宪法的有效秘密可以说是在于行政权和立法权之间的紧密结合，一种几乎完全的融合。无疑，存在于所有书本上的传统理论认为，我们的宪法好处在于立法权和行政权的彻底分离。但事实上，它的优点恰恰在于二者之间的奇妙融合。其连接点就是'内阁'。"②白芝浩在这里捷及的书本上的传统理论，大致相当于孟德斯鸠的观察。佺是白芝浩所提到的作为立法

---

① 伯尔曼.法律与革命（第 2 卷）[M].袁瑜琤、苗文龙译.北京：法律出版社，2008:240.
② 沃尔特·白芝浩.英国宪法 [M].夏彦才译.北京：商务印书馆，2010:62.

权和行政权连接点的"内阁"绝不是 18 世纪的内阁。因为，白芝浩时代的内阁或者说白芝浩所观察到的内阁已经是 19 世纪的内阁，而非 18 世纪正在发展之中的内阁制度。就其权力结构而言，内阁制度的关键在于内阁大臣的任命是受王权主导还是立法机关即议会的主导。正是在 18 世纪，特别是后半期，这一受王权主导内阁成员任命的内阁逐渐过渡到受议会主导的内阁——也就是白芝浩观察到的内阁；这其间的冲突集中表现与乔治三世即位后出现的国王任命大臣究竟是国王不受制约的特权还是应该以民意为依托的冲突上。

从实际情况来看，自乔治三世即位以来，政局动荡，内阁频繁更迭，一种极大强化王权的"双重内阁体制"已然成形并得以运作。同时为了更为有效的运作，还集结了大批附逆之士，号为"宫廷党"或国王帮，或国王之友，甚至还抛出了论证其合法性的各项原则，基本上都是在支持将内阁成员的任命作为王权的专有领域来看待。事实上，这就为王权的专政倾向留下了缺口。

对此，柏克明确："我们的政府，就其构成来说，大多数是民众性的，故其中注入亲幸制是违反自然的；当前国内的骚动，正由此而来。"这里的亲幸制，集中到一点上，就是国王拥有任命大臣的特权，不受干涉。但柏克指出"君主就内阁组成的自由处置权，因坏人和愚弱者的滥用，导致了这体制的产生，它虽不直接违反法律的官文，却逆整个宪政的精神而动"。具体来说，"在我们的行政部门中采用亲幸制的计划，与我们立法部门的格局，从根本上是不相容。构成我们政府的，有君主制的成分，也有对上层和下层人民的制约机制，像这样的混合政府，其主要的目的之一，无疑是使君主欲违反法律而不能。这确实很有益，也很根本。但这一点，不过是消极的好处，只是防御的盔甲；这是一眼可知的。故第二个，却也同等重要的目的是：为执行法律、任命官职、处理和平与战争事务、或为指定税入而必须授予君主的自由裁量权，其行使，应完全依据公共的原则与国民的意见；而不应该依据宫廷的喜恶、偏见、阴谋或权术。这一点，如我上面所言，对于确保政府依法行事，也是同等重要"。这是因为，"在执行国务的部门里，选贤能，任良俊，与明智政府的目标，是绝不相干的，而是它首要的、最宝贵的宗旨之一"。"但政权的组织，若不直接从制度上或间接由精神上，努力把它的事务交给最可靠的手，却把行政的体制，一股脑儿委之于个人的意志而不加制约，任由他凭一己的喜怒去处置，则不管他多优秀多有品德，则这样的政府计划，不仅是这里有缺陷，结果也将害及它的每一分支。"

柏克认为："执掌权力的人，除非是人民所接受的，或者说，得势于宫廷的派系，除非有国民的信任，议会则拒绝支持政府。这样一来，民众的选举的一切好处，我们都可以得到，而起于无尽休的阴谋或为每一具体官职而向全体人民兜售选票的弊害，却可以避免。这是我们宪政体制之最高贵最精纯的部分。"因之，"依我之见，在一个自由的国家、自由的议会里，议会之所以不得不支持国王的大臣们，则'国王觉得应该任命他们'这一短短的话，是远不如上面的考虑更成其为理由的。这话倒是颇见出朝臣的殷勤。但在我们这样的政体中，把亟亟于用世者的目光，由国民转向宫廷，则是一个孕育着各种灾难的原则。……国民的意见，若不足以成为权力和地位的途径，就不再有人砥砺才行，以取得国民的敬重了。像我们这样的国家，政体既有很强的民众色彩，则容忍人们别具心肠，而不以得民心为野心，把所有的事，完全委之于国王大臣与从政者的品德之纯粹，——这是对还是错，是需要英国人民的健全理智去判断的"。① 柏克特别强调："我们目前的分歧就是在这一点上。我们如今处在这一争论的紧要关头；人们何

---

① 柏克 . 论当前不满原因之根源 . 2003:245-246.

去何从、扮演什么样的角色，将表明他们的品性，他们的原则。这一件事若不得解决，国家目前的乱象就无有已时。因试行中的内阁体制，是完全违逆人民的性情，彻底不溶于他们对政府的规划的，在这期间，所有的事情，必然会一时陷入混乱，直到这体制摧毁了宪政，或者宪政战胜了这体制。"① 事实上，柏克作出这样的判断不是偶然的，不仅是个人在这个问题上有着较为明确的看法，早在 1763 年柏克主编的年鉴中，就对此评论道：（国王的人说）陛下可挑选留用他的大臣，这是绝无疑义的，也为法律所许……国王任命他的仆人，应是全权在握，其合法性，并无一人置疑；布特勋爵的朋友们，以及后他而起的内阁，恰是在为国王保持这一权利。而反对者亦不否认国王的这一宗权力；但它们申辩说：按宪法的精神，王权之行使这一公共的职守，须以公共的动机为依违；不能出于一己的好恶，或私人的友谊……他们以为，只有恪守这一原则，王权因颁赐高官厚禄而获得的巨大势力，才可稍得制衡。这特权只有用于公益，才足以使国民安于它的广狭。② 缪哲认为，在立宪制度慢慢形成之前，国王任命大臣，一直是自出己意不受制于人的；所谓国王的特权，正是这一历史的遗物；其合法性源出于历史，而非自然的理性。但随着立宪制的出现与发展，国王的这一特权，势必有碍于立宪制的运行。不接出新原则，以否认过往的特权，或解释旧原则使之曲顺于新体制，问题是无法解决的。③ 因之，可以说，柏克的《论当前不满原因之根源》一文，正是对这一宪法课题的回应。所以柏克政党理论的提出，也实际上是在探索一种宪法机制，来应对或解决这一英国宪法当中由"光荣革命"所遗留且未能有效解决的权力结构问题。在柏克看来，只有政党才能对此有所作为。对此，科恩评价道："1770 年对于那些甚至是描绘内阁制度最为明智的政治

① 柏克. 论当前不满原因之根源. 2003:249.
② 柏克. 美洲三书 [M]. 缪哲译. 北京：商务印书馆，2003:18—19.
③ 柏克. 美洲三书 [M]. 缪哲译. 北京：商务印书馆，2003:19.

家来说都为时尚早，当时还在发育期。柏克对其成长的理解与其同时代人一样所知无多。他看到行政机关听命于议会所带来的实践便利，他感觉到政党在保持行政和立法之间关系和谐当中的中枢地位。最终这种一时的权宜成长为由时日所设计和认可而不断丰富的宪法的一部分。在柏克当时，在宪法之下国王依然可以任命大臣并撤销其职务，但与此同时，政府则需要议会的支持。正是政党最终导致王室权威的削弱并使得国王不受政党的影响并恪守政治事务的中立原则。"①

　　其二，关于柏克政党理论与英国 19 世纪政党政府的崛起的关联，这其实和现代内阁制度是一体两面，但侧重点有所不同。内阁制度着眼于政府的运作，而政党政府则着眼于政府的合法性基础。必须注意，政党和政党政府的区别。存在政党并非说政党政府存在。政党政府的内涵是政党治理，亦即治理功能实际上是被获胜的政党或政党联盟掌握或垄断。② 我们可以看到，19 世纪上半期，英国的两党制政府逐渐崛起，并发展成为成熟的政党政治。其中的分水岭大约可以追溯至 1832 年的议会改革法案。学者康纳奇（J. B. Conacher）指出，"首先，政党的存在以成为政府的基础为目标；其次，政党应由具有共同原则和政党的成员构成；第三，政党因该拥有若干议会内外的具体组织形式。由于缺乏这些条件中的一个或几个前提，现代政党政治在 1832 年改革法案之前就不可能出现。"③ 我们注意到，康纳奇所说的

① Carl B. Cone. *Burke and the Nature of Politics*[M]. University of Kentucky Press, 1957:203.

② 萨托利 . 政党与政党体制 [M]. 王明进译 . 北京：商务印书馆，2006:42. 另参见 Leslie Lipson. The Two-Party System in British Politics[J]. *The American Political Science Review*, Vol. 47, No. 2 (Jun., 1953): 337–358; Ellis A. Wasson. The Spirit of Reform, 1832 and 1867[J]. *Albion: A Quarterly Journal Concerned with British Studies*, Vol. 12, No. 2 (Summer, 1980): 164–174; Hannis Taylor. The Outlook for Parliamentary Government. *The North American Review*, Vol. 160, No. 461 (Apr., 1895): 479–491; R. G. Cowherd. The Politics of English Dissent, 1832–1848[J]. *Church History*, Vol. 23, No. 2 (Jun., 1954): 136–143.

③ J.B.Conacher. Party Politics in the Age of Palmerston, in Philip Appleman ed., *1859: Entering an Age of Crisis*[M]. Bloomington: Indiana University Press, 1959: 164; 另参见 B. W. Hill. Executive Monarchy and the Challenge of Parties, 1689–1832: Two Concepts of Government and Two Historiographical Interpretations[J]. *The Historical Journal*, Vol. 13, No. 3 (Sep., 1970): 379–401.

政党政治的几个条件都或多或少在柏克对政党的阐发中有所勾勒或渊源，特别是，柏克所属的辉格党人在推动 1832 年议会改革法案通过当中贡献巨大。[1] 小哈维·C. 曼斯菲尔德（Harvey C.Mansfield，Jr）认为，柏克的政党理论乃是英国政党政府的起源。[2] 不过，萨托利认为："很显然在 18 世纪不论是英格兰还是在其他地方，没有类似政党治理的事实存在过。英格兰是否在乔治三世漫长的统治年代真正地跨越了使节型政党和在政府中有一席之地的政党之间的门槛也是非常令人怀疑的。"[3] 这并不是说柏克的思考对于政党政府的形成没有意义。因为"英格兰人在 18 世纪所实践的不是政党政府而是负责任的政府。负责任的政府不仅在时间上先于政党政府，而且后者在很大程度上源自前者。负责任的政府包括部长对议会的信任，在很宽泛的意义上可以被称为议会制度，也就是说这个制度是以议会对政府的支持为基础的。但是这种安排中没有任何东西必然要求一个政党为基础的政府体系"[4]。在萨托利看来，负责任的政府恰恰是政党政府得以形成最为关键的过渡。"简言之，对议会负责的政府长远来看也就演变成对人民负责的政府，从而成为一个反应型政府，一个倾听人民声音并被人

---

① 参见 J. A. Thomas. The House of Commons, 1832–1867: A Functional Analysis[J]. *Economica*, No. 13 (Mar., 1925): 49–61. John A. Phillips and Charles Wetherell. The Great Reform Bill of 1832 and the Rise of Partisanship[J]. *The Journal of Modern History*, Vol. 63, No. 4 (Dec., 1991): 621–646. John A. Phillips and Charles Wetherell. The Great Reform Act of 1832 and the Political Modernization of England[J]. *The American Historical Review*, Vol. 100, No. 2 (Apr., 1995): 411–436. Gary W. Cox. The Development of a Party–Orientated Electorate in England, 1832–1918[J]. *British Journal of Political Science*, Vol. 16, No. 2 (Apr., 1986): 187–216.

② Harvey C. Mansfield, Jr. Statesmanship and Party Government[M]. Chicago: University of Chicago Press, 1965; 另参见 William C. Lowe. George III, Peerage Creations and Politics, 1760–1784[J]. *The Historical Journal*, Vol. 35, No. 3 (Sep., 1992): 587–609.

③ 萨托利. 政党与政党体制 [M]. 王明进译. 北京：商务印书馆，2006:42; 另参见 Frank O'Gorman and Peter Fraser. Party Politics in the Early Nineteenth Century (1812–1832)[J]. *The English Historical Review*, Vol. 102, No. 402 (Jan., 1987): 63–88; Norman Gash[J]. Peel and the Party System 1830–1850[J]. *Transactions of the Royal Historical Society, Fifth Series*, Vol. 1 (1951): 47–69; A. Aspinall. English Party Organization in the Early Nineteenth Century[J]. *The English Historical Review*, Vol. 41, No. 163 (Jul., 1926): 389–411.

④ 萨托利. 政党与政党体制 [M]. 王明进译. 北京：商务印书馆，2006:43.

民声音所影响的政府。……从逻辑上讲，似乎正是反应型政府才成就了我们所指的政党政府。"所以，在我看来，柏克对政党的阐发在形成稳定的或持续的负责任的政府从而在形成政党政府的逻辑发展中提供了极为关键的理论准备。柏克指出，"君主的真利益，是只有一个政府，其成员之荷君主的眷注而入阁，应通过国民的意见，而非贡媚于亲宠。……举凡天下的政府，若还感到自己有责任于下院，下院又感到有责任于选民，那么这一点，即使考虑到人性的缺陷，则也应该成为政府的一般特征。而假如其他的观念占了上风，则目前的乱象，必无有已时，到后来，不是百事汹汹，陷于内乱，就是举国陆沉，一片暴政的死寂。"①

第三，柏克就应对王权威胁宪政而提出的政党方案，还具备一个重要的宪政意义是，这是一个介于王权的滥用和激进主义的中庸之道，而这正是实现宪政转轨最富智慧的部分。对于王权的专制倾向，柏克的抨击和考虑当然是明确的；但是柏克并未由此与当时已然兴起的激进主义合流，而是审慎地选择了拒绝激进的策略和方式，更有成效地回应了转型时期宪政发展的稳健需要。

在分析了王权影响的危害之后，在论及应对策略之时，柏克首先拒绝了"通常可以想见的"两个方案：一是缩短议会的任期，由七年改为三年；二是"席位法案"（place-bill），即取消所有的或大多数官吏在下院中坐议国事的资格。在柏克看来，"这些药方，不管如何有效力，但我敢说在目前的局面下，是不可能服用的"。柏克的考虑是："我们的政体，是站在一个微妙的平衡物上的，四面都是陡峭的悬崖和无底的深渊。朝某一侧移动它，是异常危险的，任何重大的改革计划，假如同时伴有更复杂的外部环境，则一定是充满困难的事；对于这样的事情，细心的人，将不急于做决定，谨慎的人，将不轻易去着手，

---

① 柏克 . 论当前不满原因之根源 . 2003:303.

而诚实的人，将不会动辄许诺的。拿不准自己该不该或有无能力去做，便一口应承的人，是既不尊重公众，也不尊重自己。我的看法就是如此，它或许浅陋，但诚实没有偏见；我把它完全交给稳重的人，热爱本国之政体的人，和有经验有阅历知道哪些事情是最能促进或伤害自己国家的人，以求他们的睿断。"①

那么，究竟应该采取何种方案呢？柏克认为："对议会之病乱的救治，单在议会里是不能完成的，它也不能在议会开始。人民对政权的信任恢复前，应先激发他们的心，从而使他们更严格更仔细地关注他们的代表的行为。评定他们行为好坏的标准，应该更系统，应在各郡各自治市的大会上确定下来。逢有重大的表决，准确而详实的投票者名单，他们应该经常取到手里。"柏克相信："这一帮国王的人马，势如盘踞在要塞的驻军，宰制并奴役者内阁，假如为数颇广的人，有足够的决心与诚实，不看到国王的人马被击溃被解散，不看到他们竖起的工事被夷平，则拒不接受这样的内阁，那么政府大半是可以恢复的。公共生活中的人，是不是愿意保持国王人马的完整，是不是甘于听它的调遣，是不是存心与它合作，在未来，应是每一届内阁制好坏的试金石。"②

不可否认，柏克的考虑有其所指，或者可以说，其所瞩目的政党在当时的英国也只有罗金汉姆一党合其标准。在《论当前不满原因之根源》中，柏克也直言不讳对该党的赞誉："约 4 年前，即罗金汉姆侯爵的内阁时期，不经他们同意而推行政务的尝试，确曾有过。但这只是一片浮云，他们被遮盖仅有一刹那的时间，当浮云吹去后，它们的星团的光亮，愈甚于从前，影响也愈加有力。当时试图在大臣们的襄助下，打散这一团伙（但没有禁止他的想法），根除它们的原则，

① 柏克 . 论当前不满原因之根源 . 2003:290.
② 柏克 . 论当前不满原因之根源 . 2003:291.

复活另一种联合，更生辉格党的原则与政策，为自由事业重新注入生机；那时候人们第一次看到在位的人坚持他们在野时的每一项原则。"① 对此，弗兰克·奥戈曼指出："我们不能因为这些批评而完全抹杀柏克政党观念更为积极的一面。党与反对派的观念再次在这个时期的政治话语中得以流传开来。在为本党确立一种意识形态的团结的手段的同时，柏克出于罗金汉姆党派的经验和偏见构造了政党理论，并且由于其内涵的模糊性，从而为未来宪政的灵活发展提供了拓展的空间。"所以，"在多大程度上罗金汉姆以及福克斯的党派符合柏克所设想的政党标准并不太容易确定，他本人的和政治上的失意，罗金汉姆侯爵1782年的去世，以及1790年代的军事危机使得政党的自然运作难以前途渺茫。柏克在1769年到1770年间所描述的作为拯救国家之唯一途径的政党已经成为英国宪法之安全难以负担的政治奢侈物。但是，柏克的政党观念的意义并未随着柏克政党期望的失望一道终结。它为柏克对英国宪法的分析提供了起点，由此也牵涉出了关于英国政体的广泛讨论"。②

乔治·萨拜因评论道：柏克力图重新振兴辉格党的努力，使得他比任何其他政治家都更早洞见到了政党在议会政体中所具有的必要作用。这个洞见可以见之于辉格党把内阁视作下院领袖的观念。柏克的上述论点乃是针对这样一种偏见（即认为一国之内任何出于政治目的的派别都是只追求非爱国主义之党派利益的宗派）而发的，而这种偏见尤其有利于像乔治三世那种爱国国王的要求。据此，他为政党提出了一个经典定义：政党是人们联合的团体，其目的是根据他们一致同意的某项特定原则，用他们的共同努力去增进国家的利益。柏克以一

① 柏克. 论当前不满原因之根源 .2003:240.
② Frank O'Gorman. Edmund Burke[M]. London: Routledge, 2004:48. 另参见 John Brewer. Rockingham, Burke and Whig Political Argument[J]. *The Historical Journal*, Vol. 18, No. 1 (Mar., 1975):188–201.

种无可辩驳的方式宣称，任何严肃的政治家对于正确的公共政策的要件必须拥有自己的想法，而且如果他是负责任的，那么它还必须宣布实施其政策的意图并寻求实施该项政策的手段，他必须同他持相同观点的人一道行事，而且不得用任何私人的考虑去破坏他对他们的忠诚。这些人必须联合成一个单位，并且拒绝与任何同其政党赖以组成的原则不相一致的团体结成同盟或受其领导。毋庸置疑，这一思想对于人们理解宪政政府和运作宪政政府有着极为重要的意义。① 麦克佛森虽然认为"柏克的主张可以说是专为罗金汉姆辉格派而写的一篇宣言，因为它是当时唯一接近柏克政党标准的团体，同时期领导人物除了以一党的地位外，也不愿参加政府"。但是，他也不得不承认，"或者，柏克的主张也可说是开路先锋，为政党制度与责任内阁制度的提出理论基础，后来此二者成为 19 世纪英国政府组织的基本特色"。②

也许，《论当前不满原因之根源》一文所随即产生的影响似乎难以和柏克花费在它上面的努力相称，这篇文章激起的回应很快就为人所遗忘；皮特及其党派只是对其作了轻蔑的注意。国王的政府以及诺斯勋爵依然矗立在柏克所极力抨击的基础之上。整个国家也依然在此后的十年间任由王权体制的发展以及王室对诺斯政府的影响。③ 皮特和罗金汉姆的联盟很快就由于在诸多问题上的分歧而趋于瓦解。罗金汉姆一党因之继续在野。虽然政治思想史的研究，一如历史研究一般，其精髓乃是能够把握活生生的历史生命，体察历史之精神，而不是面对死物给予解剖，我们要关注掩埋在历史陈迹之下的真实而富有生命的真相。……历史的本质就只是情势论和动机论吗？要谨记，在情势

① [美] 萨拜因 . 政治学说史 [M]. 托马斯·索尔森修订 . 邓正来译 . 上海：上海人民出版社，2010:302–303; 另参见 Edward Porritt. The Break up of the English Party System[J]. *Annals of the American Academy of Political and Social Science*, Vol. 5 (Jan., 1895):30–51.

② 麦克佛森 . 柏克 . 杨肃献译 . 台北：联经出版事业公司，1985:26.

③ Carl B. Cone. *Burke and the Nature of Politics*[M]. University of Kentucky Press, 1957:208.

和动机之外，还有更大、更为重要的历史真实。[①] 然而，从长远来看，柏克的《论当前不满原因之根源》，特别是其中对政党政治的阐发，乃是柏克对英国宪政的成熟最为伟大的贡献之一。科恩认为："《论当前不满原因之根源》的这一部分包含着政治的智慧和一种未来的预言。柏克的理解在这五年内已经显著成熟；1770 年他已然洞见到未来英国政治和宪法发展所遵循的线索。在这个意义上，《论当前不满原因之根源》或者它阐发政党理论的那一部分，乃是柏克对于政制艺术最为伟大的贡献。"虽然"柏克没有规划出可以从有组织的政党的建立、它们最终会采取的严格形式中制度细节"，但"在论证和解释作为一种必要的政治设施的政党上柏克留下了基本的原则。但这已经是了不起的成就。任何试图理解现代英国宪政发展的历史学家，包括内阁制度、中立的君主制，以及议会的功能，会完成余下的任务。他会得出这样的结论：没有政党，这些制度就不可能得以形成"。[②]

所以，正是在英国宪政转型的关键时刻，尽管出于党派的利益考量，柏克为英国宪政的成熟发展所寻找的工具——政党，终于成为未来英国宪政乃至世界宪政演进的不可或缺的要素。[③] 哥德斯密戏言柏克之才分"本当给予全人类，却糟蹋给了政党"，其实，当我们在今日回首过往，不论是对于那些"生而自由的英国人"，还是对世界上依然在为之奋战不已的立宪政治目标而言，这也许真是一桩幸事！[④]

---

① 高全喜. 立宪时刻 [M]. 北京：广西师大出版社，2011.

② Carl B. Cone. Burke and the Nature of Politics[M]. University of Kentucky Press, p.206.

③ 参见 J. C. D. Clark. A General Theory of Party, Opposition and Government, 1688–1832[J]. *The Historical Journal*, Vol. 23, No. 2, 1980:295–325.

④ Oliver Goldsmith 原诗如下：

　　这地里埋的，是我们善良的埃德蒙，
　　他的才分，仰之而弥高，俯之而弥小；
　　他生来是为天地立心，却自蹙其心灵，
　　本当给予人类的，反糟蹋给了政党。
　　……
　　总之，他命不好，一辈子用非其所，
　　剃刀锯木头，杀鸡动牛刀。
　　译文参见缪哲所译柏克之《美洲三书》书后附录的"柏克小传"。

第四章
帝国与国家利益：柏克的帝国概念

> 我所关心的问题，并非你有没有权利使你的人民痛苦，而是
> 让他们幸福合不合于你的利益。
>
> ——柏克：《论与美洲和解的演讲》

一提到柏克，人们也许首先就会联想到保守主义（conservatism）。的确，保守主义算是柏克最为知名的标签了。[①] 但是，柏克本身并非专门的理论家，更不用说创建系统性的政治哲学，更为重要的是，他的所有政治思考都与其所参与的实际政治事务密切相关。柏克的政治生涯，主要在 18 世纪后半期；而此一时期内，英国所面临的问题尤其是各类政治问题也是空前的。这其中既有国内的，也有国际的，而且往往互相交织在一起。作为政治家——用柏克自己的话来说就是"行动哲学家"[②]，柏克在参与众多政治事务的过程中不断阐明其立场、态度，逐步形成了其特有的思想风格。

但是，关于柏克思想的研究，或者将其解释为自由功利主义的预言家，或者称其为现代保守主义之父，甚至是所谓的资产阶级政治

[①] Ronald Hamowy ed. *The Encyclopedia of Libertarianism*[M]. London: SAGE Publications, Inc., 2008:45–46.

[②] [英] 柏克 . 美洲三书 [M]. 缪哲译 . 北京：商务印书馆，2003:297.

经济学家，纷繁杂呈、不一而足。^① 比较而言，柏克在实际政治事务中所提出的众多涉及国际关系的洞见一直未能得到研究者的重视以及充分细致的考察。对于柏克的国际关系思想尚未得到实质性讨论的状况，文森特指出："除了偶尔对柏克法国革命或者对美洲或者其他占据了他大部分精力的重大问题的立场略有涉及之外，少有对其国际关系理论的研究。"^② 这种忽视令人疑惑不已，因为柏克在其政治生涯中所阐述的四大最为重要的问题很大程度上都是国际性的问题：关于对美洲殖民地的策略，爱尔兰政策，对印度的帝国统治，以及法国大革命等。在涉入这些事务之际，柏克触及到很多对于国际关系的研究而言十分核心的问题，如帝国、贸易、均势、战争与革命等等。^③ 麦克佛森（C. B. Macpherson）即指出："柏克比任何人都更能认识到国内政策需要根据国际形势来制定。"^④ 蒙克（Hantpsher-Monk）亦评论说："通过柏克在其一生中所处理的问题的原因——爱尔兰的统治、美洲关系，印度管理、王室财政改革以及辩护帝国之内的自由贸易，——浮现的是帝国的主题以及如何使之与国内政治进行调适。"^⑤ 斯坦利（P.

---

① 如何理解柏克的政治思想一直以来在柏克思想研究中存在广泛分歧，形成了众多研究进路，有自由主义的解释，也有保守主义的阐发，还有马克思主义的批判，以及剑桥学派的深度发掘。约略言之，在19世纪和20世纪之初，柏克的形象主要是自由主义的，以约翰·莫利（John Morley）的研究为代表；而在"二战"之后，主要是在美国，则尤其重视强调柏克的保守主义面相以及自然法传统。晚近以来，在剑桥学派的影响下，看重柏克思想形成的历史"语境"成为英国学者研究柏克思想的主流。麦克佛森则是从马克思主义的视角研究柏克政治思想的典型。

② R. J. Vincent. Edmund Burke and the Theory of Intenational Relations[J]. *Review of International Studies*, Vol.10, 1984:206. 对柏克国际关系思想更为晚近的研究，参见 J. M.Welsh. *Edmund Burke and International Relations: The Commonwealth of Europe and Crusade Against the French Revolution*[M]. New York: Macmillan 1995; J.M.Welsh. Edmund Burke and the Commonwealth of Europe: The Cutural Bases of International Order, in *Classical Theories of International Relations*, ed. I.Clark and I.B. Neumann. London: Macmillan, 1996:173.

③ Jennifer M.Welsh. *Edmund Burke and International Relations*[M]. St.Martin's Press, p.1.

④ C. B. Macpherson. *Burke*[M]. Oxford: Oxford University Press, 1980:73.

⑤ I.Hampsher-Monk ed. Introduction, in *The Political Philosophy of Edmund Burke*. New York: Longman, 1987:15.

J. Stanlis）认为："柏克学术研究中一个最大的忽视是未能考虑国际法在其政治哲学中的关键地位。"[①] 更为重要的是，柏克关于主权、战争、均势、国际政治经济、国际法与道德、帝国、干预以及文化等问题的讨论某种意义上是超越时代的，不仅是国际关系的古典和永恒问题，而且与今日的国际政治秩序、国际关系依然具有密切的相关性。因此，尽可能清晰地阐发柏克国际关系思想的完整内涵和意义就是研究柏克政治思想所不能回避的。

根据大卫·费德（David Fidler）和詹尼弗·威尔士（Jennifer Welsh）的概括，柏克所面临的主要国际性问题——美洲、爱尔兰、印度以及法国革命——可以总结为两大主题，一即帝国与共同体；二即美洲、爱尔兰、以及印度问题属于帝国问题，而法国革命则属于共同体问题。[②] 限于篇幅，笔者在此并不打算完整地考察柏克在帝国和共同体这两个维度上的国际政治视野[③]，而仅以美洲事务为例来总结其关于帝国问题的思考。事实上，也正是在处理美洲事务的过程中，柏克较为完整地表达了他关于帝国的初步认识。对帝国的认识，不仅对于美洲事务的处理极具现实意义，同时也体现了柏克政治思考的宪法政治视野。而且在笔者看来，柏克之于帝国治理的洞见，实际上表达的是关于国家利益的基本立场，而且是一种基于宪政主义的立场。

一、"美洲问题"的由来

柏克对美洲殖民地事务的关注实际上要早于其政治生涯。1750 年

---

① P. J. Stanlis. *Edmund Burke: The Enlightenment and Revolution*[M]. London: Transaction Publishers, 1991:64.

② David Fidler and Jennifer Welsh. *Empire and Community: Edmund Burke's Writings and Speeches on International Relations*[M]. Oxford:Westview Press, 1999.

③ 柏克晚年以法国革命为中心对关于欧洲共同体问题以及欧洲政治秩序的思考体现的是柏克政治思考的国际向度。

代就表现出强烈的兴趣，在伦敦中殿学习期间甚至计划访问美洲，并与友人威廉·柏克共同撰写了《论欧洲人在美洲的殖民》（1757）。可以说，在步入政坛之前，柏克对美洲殖民地已有相当的了解。也正是这样的知识准备，使他进入国会之初，就藉此成为美洲事务专家。[①]

美洲局势之所以成为英国政治的难题并且逐步恶化乃至最后演变成为独立战争的结果，起因于英法七年战争所导致的巨额战争债务（将近14亿英镑之巨）。[②] 战争结束的第二年即1764年，英国决定将其战争债务中的三分之一交由美洲殖民地承担。这是因为英法战争的主要目的之一即在于保卫殖民地的安全，因而殖民地也就有义务承担战争的部分费用。但是，时任首相的格伦威尔向下院动议要求课税于美洲的《糖税法案》（又称"美洲岁入法案"）采取了直接的征税手段，这就带来了宪政问题的争议。这是因为，"无代表不纳税"一直是英国的宪政精神之所在，殖民地在下院并无代表，政府向美洲殖民地人征税并无法律依据，征税实际上是在直接侵犯殖民地人民的自由权。但是由于《糖税法案》主要是港口税，属于间接税，并未实质上危及美洲所谓的自由权；真正激起美洲殖民地强烈反抗的还是1765年的《印花税法案》。该法案的直接征税目标是个人，而且还规定对于破坏法案者交由英国政府控制的海事法庭审判。由于这种法庭不允许陪审团审理，且被告须自证其罪，否则即被判有罪，这在美洲殖民地人看来，这不仅直接违背"无代表不纳税"的宪政精神，简直与暴政无异。

因此，《印花税法案》一经通过，弗吉尼亚殖民地首先通过其议会向帝国政府递交陈情书和抗议书，要求撤销。其余各殖民地也分别派

---

① David Fidler and Jennifer Welsh. *Empire and Community: Edmund Burke's Writings and Speeches on International Relations*, p.13.

② 关于英法七年战争的概况，参见 Richard Middleton. *The Bells of Victory: The Pitt-Newcastle Ministry and Conduct of the Seven Years' War 1757-1762*[M]. New York: Cambridge University Press, 1985; Daniel Marston. *The Seven Years' War*[M]. London: Osprey Publishing, 2001.

出代表共同集会，商讨对策，并决议否认议会对美洲的课税权，并再次向国王请愿陈情，同时还决定联合抵制英国商品在殖民地的进口和出售，直至法案被撤销为止。

格伦威尔内阁于 1765 年倒台，罗金汉姆上台组阁，柏克亦在此时进入下院，正式步入英国政坛。鉴于在美洲推行《印花税法案》以实际上难以实现，柏克等即建议撤销。但为防止留下一个危险的先例，决定在撤销《印花税法案》的同时宣告议会对美洲享有包括征税权在内的全面的主权，这就是《权利宣告法案》。经过议会激烈辩论，《印花税法案》即被撤销，美洲局势也得到平息。柏克在《晚近一届短期政府的简要考察》一文中认为在罗金汉姆的首任短期内阁期间，取消了《印花税法案》并解除了对美洲殖民地的贸易限制，是其两大成就，因为取消成为"大英帝国之烦恼的"《印花税法案》以及解除对美洲贸易的限制就使美洲从"不明智的和毁灭性的负担中得到了解放"并扩展了它与"外国"的商业贸易。

《印花税法案》撤消后，美洲的紧张局势得以缓和下来；但罗金汉姆内阁由于和国王的矛盾，被迫辞职。先是由皮特与格拉夫顿组织联合政府，但由于皮特年老多病，格拉夫顿在 1767 年继任首相。在财政大臣查理·汤申的力主下，内阁又决定在美洲对玻璃、纸张、铅、茶叶和颜料等商品征收进口税，即《汤申法案》。这又使得刚刚平稳的美洲再次起而反抗。为抗议《汤申法案》，麻省的议会自动召集开会，随即又被总督解散；波士顿甚至发生了骚乱；各殖民地也开始抵制英国产品的出售与使用。议会不仅对殖民地的抗法行为严厉谴责，甚至向国王建议启用搁置多年的《亨利八世法案》，将那些在英国境外被指控犯有叛国罪的人押往英国接受审判。这样，英国国内和殖民地之间实际上陷入了僵局。

1770 年，诺斯出任新一届内阁首相。由于《汤申法案》不仅未能带来期望的税入，反而导致了美洲持续的动荡和骚乱。经由执行《汤申法案》每年获得的税入不足 300 磅，而维持驻军的开支则高达 17 万英镑。此外，美洲殖民地对英国商品的联合抵制已经使英国的工商业损失惨重。迫于此种形势，诺斯上台伊始，即提出修改《汤申法案》，主张撤销原法案中六种关税中的五种，而每磅 3 便士的茶税则作为主权的象征予以保留。诺斯修改《汤申法案》的动议为议会通过之后，美洲局势得以暂时缓和。但是，课税于美洲所带来的宪法争议并未解决。虽然《汤申法案》的大部分税种被撤销，仅保留了作为主权象征的茶税，美洲人依然继续抵制茶叶的进口和销售。由于美洲殖民地的抵制，到 1773 年，此前以美洲殖民地作为主要茶叶销售渠道的东印度公司滞销的茶叶价值有 1700 万英镑之多，如若继续下去，东印度公司将面临破产，并最终给英国国内财政带来严重危机。为拯救东印度公司的财政危机，英国政府授予其向美洲出口茶叶的垄断权，并免除其关税。应该说，自《汤申法案》修改以来，殖民地虽然心怀不满，美洲局势毕竟尚未进一步恶化。但东印度公司低价向殖民地倾销茶叶，对殖民地本土茶商构成了实质性的商业利益威胁。"波士顿倾茶事件"某种意义上只是在这一大背景下为当地激进的茶商极端举动的偶然事件，但是由于此前的"积怨"和不信任，在殖民地看来，为挽救东印度公司而授予其在美洲销售茶叶的垄断经营权，实质上就是通过低价来诱骗美洲人接受违背宪政原则、侵犯其自由权的茶税。而这一事件在国内看来，则是殖民地蓄谋已久的"反叛"之举。于是，表面上缓和已久的美洲局势，硝烟再起；而如何看待乃至处理美洲问题，再次成为英国政治争论的中心。正是在这一背景下，柏克亦再次系统总结其之于美洲事务的看法，提出了诸多切实可行的因应之策。[1]

---

① 参见柏克 . 美洲三书 . 译者引言 .2003:1-15.

二、柏克的"美洲三书"

面对日益恶化的美洲局势，柏克先后在议会发表多次演讲，阐述处理美洲问题的主张和政策，并且随着形势的不断变化而调整立场。从 1774 年在《论课税于美洲的演讲》中提出彻底废除课税于美洲的法案，到 1775 年战争开始后于《论与美洲的和解的演讲》中建议英国主动作出让步、以放弃永久课税权与美洲和解，再到 1777 年在《致布里斯托里城行政司法长官书》中提出永久放弃在美洲的课税权甚至不惜任其独立，柏克就美洲殖民地因《印花税法案》所引起的不满、反抗、最终走向独立的发展过程提出了明确的政治主张与因应策略，虽然一直没有为执政当局所采纳，甚至为之背负"叛国者"的骂名，但柏克在演讲中所体现出的政治智慧和政治视野，却构成了柏克政治思想中最为重要的内容之一。尤其是，柏克针对美洲问题所阐述的"帝国"概念，不仅回应了七年战争之后初获国际霸权的英国如何有效实现帝国治理秩序的现实课题，更是在理论层面对现代民族国家确立以来如何认识其真正的国家利益问题提供了思考范本。笔者以为，柏克就大英帝国的美洲殖民地事务所进行的帝国思考，在处理政治问题时必须坚持审慎的态度、立足于历史、立足于经验而非抽象的理论推演之外，其中所体现出来的对国家利益的洞见，殊值重视。

1774 年 4 月，针对美洲局势，英国国会集会讨论"茶税"的存废问题。柏克于此发表了《论课税于美洲的演讲》，在梳理美洲局势演变的历史基础上，对七年战争结束以来英国推行的殖民地政策进行了全面地批评。柏克指出："临时抓来的证据、一时的权宜，这种可悲的圈子，我们一场会议接着一场会议，绕过来兜过去，足足有九年之多了。我敢说，我们一定转晕了头，搅翻了胃……心机用尽了，理性累垮了；

经验作出了判决，顽梗却一如当初。"① 在接下来的演讲中，柏克通过美洲问题的由来与历届政府的处理政策和效果的梳理，指出长期以来英国对美洲殖民地在课税上的"疏忽"，不仅在和平时期给英国带来了经济繁荣，而且在战时得到了军事上的全面支持，但当试图通过《印花税法案》这样违背宪法之自由权的形式来予以课税，则导致了殖民地的局势动荡。经验表明，对《印花税法案》的废除带来了和平和秩序。此后课税方针的恢复，业已导致了严重的后果，而对税制部分的撤销，"并未带来部分的善果，只带来了满地的罪恶"。因此，对于直接导致当下美洲紧张局势的这一课税法案，应予以彻底废除。②

在柏克看来，《印花税法案》首先即违背了英国"无代表不纳税"的宪政原则；其次也违反了帝国与美洲关系的历史原则，即英国虽然长期以来一直管理殖民地的贸易实务，但一直都从未实施直接课税的办法来获得税收。柏克进而追问议会对美洲殖民地征税权的抽象问题，首次阐释了他的"英帝国的宪法概念"。

柏克认为，作为英国主权象征的英国议会，具有两种身份。一种是作为英伦三岛的立法机构，直接为国内事务制定政策；另一种身份则是"帝国身份"，是大英帝国之主权象征。在帝国身份下，英国议会居高临下，"监督着所有次一级的立法机构，指导它们，控制它们却不消灭它们"。理论上，"所有的省级立法机构，由于地位是同等的，相互间并无高低之分，故都应该从属于它；否则相互之间即无法保持和平，无法指望以公平对待，亦无法有效地提供援助。她必须有至高的统治权，去制服玩忽为心者，约束性格暴烈者，扶持贫弱者"。议会固然拥有这一至高的帝国身份，但是拥有主权和行使主权是完全不同的概念。柏克认为这种权力"不该纳入常制，也不能上来先用它……就

① 柏克.美洲三书.2003:2.
② 同上注，第66页。

是说，我把议会的课税权，看作是帝国的工具，而非筹款的手段"。[1]
概而言之，对于国内事务，英国议会凭借行政机关来推行其政策，并
无不可；但是面对殖民地问题，英国议会与殖民地的关系是作为帝国
主权的象征和殖民地的特权之间的从属关系，并不简单同于国内作为
人民代表的主权者和臣民之间的关系。在国内，主权者和臣民之间当
然是简单的统治和臣服关系；而在帝国与殖民地之间，则是帝国与其
次一级的立法机关之间的监督关系。在这一监督关系中次一级的立法
机构享有着不受帝国干预的特权，即"只要它们能胜任制度的共同目
的，她就不应该侵占它们的地盘"。正是基于这样的认识，柏克才认为
大英帝国的政体实际上并不同于不列颠的政体，因而也就需要不同的
统治方式。"大英帝国的帝国权利以及殖民地应该在此权利之下所享有
的特权，是世界上最相切恰合宜的。"[2] 英国议会使用内政的手段——
直接征税，来处理帝国问题，不仅违背宪法原则，而且也犯了统治错
误。纠正的途径，正在于回到"旧的、强大的、可以立足的位置"，并
运用"帝国的老方针和惯例为堡垒，去阻击革新者的抽象理论发动于
两侧的攻击；这样你就立足于伟大、坚牢、刚强的阵地上"。[3]

　　柏克的主张并没有得到议会的支持，相反，议会通过了众多旨在
报复"波士顿倾茶事件"的"强制法案"。这就引起了美洲殖民地的全
面恐慌。1774 年 9 月，美洲 12 个殖民地（佐治亚殖民地未加入）的
代表集会费城，通过了一份《权利宣言》，申明美洲殖民地人民作为
英国臣民，享有英国人的一切特权，并要求撤销议会通过的"强制法

---

① 柏克．美洲三书．2003:2，第 63—64 页。

② 同上注，第 63 页。

③ 同上注，第 59 页。柏克呼吁："再一次，再一次回到你的老原则吧——寻求和平并以和
　平为职志吧——请你饶了美洲；它若有可征税的目标，那就让它自己去征。我不讨论
　权利的区别，……学理上的划分，我是不管的。我讨厌这样的声音。让美洲人呆在老
　地方吧，这从我们不幸的冲突中诞生的区别，将因此而消灭。在这一体制下，他们和
　我们，他们的祖先和我们的祖先，曾一直生活得幸福而美满。"同上注，第 61 页。

案"。同时，这次会议还决定在"强制法案"撤销之前，殖民地将于1774年12月1日至1775年9月停止与帝国的一切进出口贸易。面对殖民地的反应，英国国内有多种声音。在此背景下，柏克于1775年3月发表了生平最为著名的演讲《论与美洲的和解》，主张以彻底放弃对美洲的课税权作为与殖民地和解的手段。

"像我们这样一个庞大而分散的帝国，若恢复它的秩序与安宁"，"这主张，就是和平。不是经由战争的途径赢来的和平；不是复杂的、无休止的谈判的迷宫里找到的和平；不是出于治术的考虑、挑动帝国的各部分之间产生普遍的不和，以此而得到的和平；不是对纷乱的问题做法律的判决、为一个混合政府的模糊界限做精确地标示、赖此而树立的和平。它是简单的和平：经由它自然的途径、在它的常住之地找到的和平；依据纯粹的和平原则取得的和平。我的主张是：要消除不和的原因，恢复殖民地以前对祖国的不加猜疑的信赖，给你的人民永久的满足，（绝不要有分化而治之的图谋）以同一套法案以统一利益的纽带使他们相互取得和解，使他们与英国的政府和解。"[1] 柏克指出，根本问题是是否应该和解以及如何和解。美洲殖民地对于英国商业和政治权力的重要性是不言而喻的，柏克用了大量的数据来证明这一点，但是这并不能证明采取武力手段的必要性。柏克认为武力对于目前的任务来说是一种"无力的办法，因为其效果是一时的（一个国家若需要不停地被征服是不可能统治的），不可靠的（恐惧往往不是武力的结果；一支军队也不是一场胜利），难以实现目标（你为之战都得东西……在这场争斗中贬值了、衰落了、荒芜了、枯萎了），历史上未曾检验过（赞成以武力作为统治殖民地的手段之一，我们过去从没有这样的经验）"[2]。在这些现实的难题之外，柏克特别强调了不可轻易

① 柏克. 美洲三书 .2003:2，第72—73页。
② 同上注，第87—88页。

诉诸武力解决的最重要的一个理由，即美洲人作为英国人的后裔，具有热爱自由的强烈"气质和性格"。

于此，柏克进一步阐述了他关于帝国问题的看法。"帝国也者，是有别于单个的邦国、或王国的；一个帝国，是众多的邦国在一共同首脑之下的集合体，不论这首脑是一位君主，还是居于首席地位的共和国。在这样的政体中，次一级的政区，每有大量的地方特权与豁免权，只有奴役状态的死气沉沉的整齐划一，才能避免这一点。在地方特权与共同的最高权威之间，界限当极端微妙。争端甚至激烈的争端和严重的敌意，往往无可避免。但是每一项特权，固然都使它免受最高权威之运行的约束，但这决不是对最高权威的否定。"因此，在柏克看来，美洲殖民地提出的《权利宣言》，作为自身特权的申明，本身恰恰暗示、也就是承认了英国的主权。这就是说，双方因此并非不存在和解的基础，但是"在一个巨大的政区的联盟的内部，各组成部分之间一旦发生这种不幸的争吵，最轻率的做法……莫过于帝国的首脑坚持认为：任何违逆它的意愿和行为而申明的特权，都是对它整个权威的否定，于是立即宣布这是暴乱，于是击鼓其镗，踊跃用兵，把激怒他的政区驱逐出家门"。①

那么，如果来解决双方的冲突呢？柏克指出，"方式原有分别，但以一以贯之的精神去维持帝国的和谐是绝对必要的。"柏克认为，大英帝国的统一可以从"自由的原则"中发现力量和目的。安抚美洲之不满的措施，可以从英国自由之被珍藏的所在——英国宪法——中发现。"我的主张是，我们要允许殖民地的人民在宪法中占有一席之地。"②所以，柏克建议在英国和美洲的帝国纽带中同样的权力和自由的统一。柏克描绘了一个基于自由的实质性的帝国图景：我持有殖民

① 柏克．美洲三书．2003:2，第107页。
② 同上注，第111—112页。

地，是靠亲密的感情，它来自于我们共同的姓氏，共同的血缘，相似的权利和一体的保护。它们似纽带，虽轻如风，但硬似铁链。……只要你尚有智慧，能把本国的至高权威，一直持作自由权的庇护所，持作供奉我们共同信仰的圣殿，则英国之自由宗教所拣选的种族所特选的子民，不论身处何方，必把他们的脸转向你。[①]

柏克的和解提议虽然言辞恳切，但并未获得重视。议会讨论的结果，依然坚持如果作出放弃课税权的退让，将导致英国主权的丧失。而不和解、采取强势政策的结果，随即导致双方的直接冲突，以及殖民地在1776年发表《独立宣言》，坚定走向独立。

美洲独立战争开始后，柏克论及美洲事务的主要著述，是1777年的《致布里斯托里行政司法长官书》。柏克写作此信，主要是向布里斯托选区的选民解释美洲战争爆发以来，其所属的罗金汉姆一派为抗议政府的美洲政策而拒不出席议会的举动。但柏克在解释其美洲事务的立场的同时，所阐发的另一个主题是，帝国政府对海外属地的不当治理之于国内政治，特别是对英国宪法的影响与后果。在柏克看来，英国与美洲殖民地的争执和冲突，已经成为英国的"内战"（civil war）；而英国政府以强硬的态度处理美洲问题，拒不让步和解，同时也对英国宪法本身的自由基础构成了实质性威胁。

当时针对美洲的"骚乱"，议会当时通过了两项法案，一是授予平民截获、掠夺敌方船只的特许权，另一则是部分中止人身保护令。柏克在此信一开始就对其之所以反对这两项法案尤其是反对后一项法案作了解释。柏克认为部分中止人身保护令的法案，其施行的目的，"不仅大悖于不列颠宪政的所有原则，甚至大悖于两国交兵应遵守的一切公道之准则；而战争纵是极残酷之至，一个文明的民族，也不会彻底

---

① 柏克.美洲三书.2003:2，第151页。

忘怀这些准则"①。在柏克看来，该法案的原则之不良，同于一项普遍中止人身保护令的法案，而其后果，更是有过之而无不及。柏克认为，自由是一种普遍的原则，"要么属于帝国境内的全体居民，要么就谁的也不是"，"部分人的自由，是一种最可恶的奴役形式"。这是因为人身保护令是保护公民权利不受政府权力侵犯、保护臣民自由的法律，现在则加以部分中止，这就不单单是这一法律被搁置的小事，而是其防范权力腐败的精神被误解了，其原则"被捣碎了"。"帝国境内的居民，破题头一遭被分了个三六九等。在这法案通过之前，每一个人、凡脚踏英国之土地的……与呼吸着帝国之空气的其他人，都享受着同等的自由。"柏克指出，由此"我们之间没有平等了……则我们就不再是同胞公民。其他的法律或可损伤我们共同结成的社会，这一项法案，却将使之解体"。②

基于上述的理由，柏克认为必须要加以抵制和反对，为此不惜采取退出议会的方式表明立场。但柏克的思考并未就此止步，而是进一步提出了他关于帝国政策之于国内政治的深层次影响的思考。

在柏克看来，这些法案的危害是潜伏性的，即"凡违背宪法之精神而制定的政策，其本性孕育的弊害固然有千万端，但其中的罪大恶极者，却总不能立刻呱呱坠地……往往要潜伏良久"。柏克认为，作为帝国与殖民地战争的结果，"它不仅搅乱了我们的政策，侵扰了我们的帝国，似乎还彻底扭曲了我们的法律和立法的精神。我们与殖民地开战，不仅用军队，还用法律。敌意和法律，是绝不能协调的两种观念，故在这一场事务中，我们每走一步，都莫不是践踏着某种公正的准则和治国理民的贤明之要术"。③ 更为严重的是，"内战对民风的伤害之

---

① 柏克. 美洲三书 .2003:2，第 158 页。
② 同上注，第 159 页。
③ 同上注，第 169—170 页。

深，是无有出其右的。它败坏人民的政治态度；它堕落人民的道德品行；人民对公平正义之与生俱来的喜好，甚至已因之而扭曲。它教导我们以敌意的眼光，去看待我们的同胞公民，长此以往，我民族之整体，在我们眼中就越来越不珍贵"[1]。柏克最后总结说，"许久以来，影响我们的原则，使之逐渐变化的事，固然有很多，而美洲战争不过寥寥数年，但危害于我们的原则者，却甚于其他事情在一个世纪里可造成的恶果。所以，不仅因为它本身之故，更因它导致的结果，我才认为美洲战争的继续或体面而大度的和解之外的任何结束方法，都将使我们蒙受的最大灾难"[2]。

值得注意的是，柏克在阐述帝国之"恶政"对国内政治的腐败影响的同时，还系统回顾了其一直以来关于美洲事务的基本立场，进一步提出了究竟应该如何认识帝国与其殖民地之间的政治联系问题，这在某种意义上拓展了其之前关于帝国治理秩序的认识。

柏克认为，帝国与殖民地的冲突，最初是"议会的举措失当"，即"议会通过的法案惹起了战争"。但是，双方由最初的冲突走到战争这一步，关键的争点还是关于议会之立法权的范围与限度的认识。理论上，议会至上，是主权的象征，但理论上所拥有的无限权力并不代表着要在现实中实际加以运用，特别是这一权力的界限存在相当的模糊的情况下，而是必须根据现实的情势来加以衡量。柏克指出："我最初接受公众的委托时，发现你们的议会对殖民地拥有无限的立法权。我每打开法典，莫不看到这些权力的实际运行，有时强，有时弱，但是面面俱到。……常识又确实告诉我：一个立法权威，其基础中倘无明确的界限对它加以实际的限制，它后来又不曾立法以限制它自己，则理论的区分，就实在无法分清它的权力，我们也就无法说清楚它的约

---

① 柏克 . 美洲三书 .2003:2，第 171 页。
② 同上注，第 211 页。

束力能适用于哪里、不能适用于哪里。"① 但是，这种立法权威的完整存在并不是为了权威本身的存在而存在，而"更主要是为了被统治的人民：正是他们，才使权威有存在的正当理由"。因之，"议会对本王国有全面的立法权，这一点没有疑问；但仍有许多权力，从理论上来说，虽也无可置疑地包括在这一抽象的权威里，其本身也绝不有害公正，却终因格格不入人民的意见与感情，而无法得以行使，好像它们自来不归议会所有一样"。②

具体到美洲殖民地的情形而言，议会权威向殖民地的扩展，更主要是一个历史自然的演进问题。"从一开始，殖民地便受大不列颠的立法机关的支配，至于它所根据的原则，他们则从没有探问过；我们允许他们享有大量的地方特权，至于这些特权又如何与英国的立法权威相一致，我们也不加过问。各种各样的管理机构，缓慢而无定制地在美洲形成。但它们适应了变动不居的环境。最初单一的王国，后来扩展为帝国；某种帝国的管理权（不管什么种类的）这时已经变得大有必要。而议会呢，本来只是人民的代表，只是其直接选民之权利的保护人，这时候则演化为一个强有力的主权者了。"而在事实上，殖民地内部的治理，是交由殖民地人民成立的立法机关来进行的，从而形成了其自身的权威。"随着各殖民地的繁庶，它们的人口众多，疆域日广，在地球上，已蔚为大国；而这些公民大会既是这些伟大的民邦之代表，在各殖民地正式的制度里，他们又广受尊重；所以把国家的尊严部分地授予公民大会，对各殖民地来说，就是自然的事。它们不再局限于地方法规的制定，而是通过各种各样的法案，范围涉及到方方面面。……这样一天天下来，它们就越来越像一个议会。"因此，殖民地在其历史发展过程中，已经使帝国境内形成了一种治理殖民地的

① 柏克. 美洲三书 .2003:2，第 188—190 页。
② 同上注，第 191 页。

双重的权威，一是代表帝国主权管理殖民地的帝国议会；一是实际治理殖民地的当地议会。不过，"在这期间，双方对这一重叠的立法机构，都不曾感到不便；使人不能察觉的习惯和古老的风俗，导致了这一机构的形成，而这些正是人民一切政府的重要支柱。这两个立法机构，虽然常发现它们在履行着同样的功能，却没有发生过严重的制度性的冲突"[1]。在柏克看来，面对此种现实情势，帝国议会应当予以充分尊重，而非轻率地妄加变动。这不仅仅是因为"构成这一伟大帝国的，是形形色色的人民，他们性格有异，处境不同，以最大的冷静使我们的统治方式顺应它们，恰是我们的义务所在"[2]；而且正是由于这一特殊的历史发展过程，使得"英国若想保留美洲的殖民地，就必须接受这些条件，否则就留不住"[3]。

事态的发展，正如柏克所言："靠议会的权威向殖民地正规地课税以维持军事和民政机构，以前从未有人想过，而等我们想起了这一套制度，美洲已经高傲到不能屈服于人、力量已大到不能被胁迫、民智已开到不会看不到这制度的后果了。"因此，处理与殖民地的冲突，就必须根据这一现实的前提来进行，而不能以事实上并无太多理论根据的帝国主权权威为依据。而且，这样的讨论也是极其危险的。"因为这样的讨论，很难根据明确的原则加以解决，导致这讨论的权利之要求，双方出于骄傲，是谁都不会放弃的。"[4] 在柏克看来，产生冲突本身倒不可怕，罗金汉姆内阁的安抚政策的奏效表明，"仅是撤销那项可恶的赋税，同时申明本王国的立法权威，在当时，就足以为双方带来和平"，而殖民地也恢复了对祖国不加猜疑的信赖感。[5] 正是基于此一经验，柏克坚持："我们最初之拥有美洲、我们在争吵之后与之和解、

———————

① 柏克 . 美洲三书 .2003:2，第 197—199 页。
② 同上注，第 193 页。
③ 同上注，第 199 页。
④ 同上注，第 199 页。
⑤ 同上注，第 200 页。

109

第四章　帝国与国家利益：柏克的帝国概念

我们在分裂之后而收复它、我们在获胜之后而保有它——做这一切的一切所采取的办法、在不同的阶段、不同的时期，以前曾经是、日后也必须是基于这一点：彻底放弃'无条件服从'的要求。而那些想用暴力者，肚子里怀的正是这样的要求。我们开启、并继续这一场战争所依据的那些原则，必须统统抛弃。"柏克坦诚："我们想回到战争之前的状况，如今是无法可想了（我不想骗你们才这么说的）。这样的希望趁早搁一边去。但'糟'与'最糟'之间，也还有区别。关于这一场战争的问题，议会应提出相应的条件。在国内，也应该做出一项（法律的）安排，以保证他们的安全。"①

在此，柏克对于美洲乱局的对策依然是主张"克制"，这与之前的"和解论"既有联系，也有区别。其联系在于，克制也好，和解也好，均是意在求得帝国与殖民地之间的和平；而区别，则是说此时柏克关于处理美洲问题的对策较之以前实际上已经出现了变化。在第一任罗金汉姆内阁执政之初，采用的是安抚的策略，而在冲突升级后，则建议以永久放弃征税权作为和解。柏克指出："此一时，彼一时；不同的局面需要不同的做法。冲突即已到绝境，当初使人满意的让步，现在则不足以使人满意了；默认的信用一旦破犯，便需要有明确的保证。"柏克特别强调"我舍去它（课税权），是作为身体的一肢，目的是为了保全身体，假如有必要，我还愿意多舍，舍什么都行，只要能避免一场无益的无希望的反伦常的内战"。那么这是不是要任其独立？柏克表示："我因事理和各种情报相信，这样的退让，将收到正相反的效果。即便有独立的后果，那么听我一句心里话，我是宁取无战争的独立，也不要有战争的独立；……即便美洲自成一国，本王国因它的情感而得到的好处，我料想也有十分之多，而假设它彻底屈服于国王和议会，

---

① 柏克.美洲三书.2003:2，第177—178 页。

则由此带来的恐惧厌恶与仇恨，将使我们得不到一分的利益。强扭的瓜不甜，以相互的仇恨作统一的纽带，是违逆自然地的，两者的统一，只会导致双方的毁灭。"[1]

三、帝国治理与国家利益

整体来看，柏克在关于美洲事务的著述与演讲中关于帝国问题的讨论是相对分散的，很难说提出了一个系统的"帝国理论"。但是，柏克关于帝国的思考，着眼于历史、经验，尤其是帝国与殖民地之间究竟属于何种性质以及应该具有何种性质的政治联系，则提出了相当明确看法，十分具有启发性。[2]

首先，在美洲事态的发展过程中，柏克在提出各种处理美洲事务的对策时，均从实际的情势和既有的历史、经验出发，而不以理论上的推理、想象为根据。在《论课税于美洲的演讲》中，针对殖民地是否会因为撤销茶税而得寸进尺、转而瞄准其他的税种、以发动新的攻击的疑问，柏克提出："这种事……我不能保证其必无……对于经验……我呢，是绝不三心二意、首鼠两端的，我要坚定地求助于经验，今天闭会前，无论做怎样的表决，愿上帝保佑我们仅仅以经验为准。"柏克的根据就在于《印花税法案》撤销之时，"美洲人并没有得寸进尺，议会此前课加于这一地区的税收，他们并没有提出撤销的要求，甚至从未要求您废除任何一条税则"。[3] 因此，他一再呼吁："回到你的老立场吧，恢复你旧有的安宁吧，试试看，我敢说，美洲人会与您妥协的。信任一恢复……有务实的、克制的与互行方便的精神，争端即可

---

① 柏克．美洲三书.2003:2，第 202 页。
② 参见 Richard Bourke. Liberty. Authority, and Trust in Burke's Idea of Empire[J]. *Journal of the History of Ideas*. Vol. 61, No. 3, Jul., 2000:453–471.
③ 柏克．美洲三书.2003:4.

友好地解决，根本用不着请精确的几何来仲裁。就教并跟随您的经验吧。"①

与重视事实、经验相联系，柏克认为处理美洲问题不能以抽象的理论推演为根据。在《论与美洲的和解的演讲》中，柏克在讨论政府对美洲是否应该让步以及应该作出怎样的让步的问题时指出："不管我们愿不愿意，我们还是得根据这性质、根据这些情势去治理美洲，而绝不能根据我们的想象，根据抽象的权利观念，也绝不能单纯地凭借关于统治的一般理论，在目前的处境下采用这一套办法，纯粹是瞎胡来。"② 针对那些反对和解的论调——代表性的还是"美洲人会得寸进尺的"，柏克指出："这一套不顾事实不顾情理的猜想，何时才是尽头？什么才能平息我们对和解会导致敌视之结果的无谓恐惧呢？……政府越铲除不满的根源，臣民就越是抗拒越要造反，天下有这样的道理么？"③ 在柏克看来，所有反对和解的理由，"充其量是不顾事实，不顾经验的怀疑，猜想和悬测"，因之："现在的问题是，在这件积弊甚多，久拖不决的事情上，你是愿意遵循有益的经验，还是遵循有害的理论，你是愿意把政策建立在想象上，还是建立在事实上，你是原享受既有的东西，还是寄望于未有的东西，你是想让你的臣民满意呢，还是想惹他们不满？"④

其次，柏克的帝国思想具有丰富的宪政或立宪主义内涵。从《论课税于美洲》，到《论与美洲的和解》，一直到《致布里斯托里司法行政长官书》，柏克始终认为，帝国固然拥有对其殖民地的无可置疑的权力，或者可以称之为"主权"，但殖民地作为帝国之一部分，同样拥有其不可侵犯的自治权力。帝国的主权虽然在位阶上高于殖民地的自治

① 柏克 . 美洲三书 .2003:4，第 60 页。
② 同上注，第 76 页。
③ 同上注，第 115 页。
④ 同上注，第 135 页。

权力，但并不意味着可以任其干预和侵犯，特别是违反宪政原则的干预和侵犯。帝国之拥有主权和行使主权是完全不同的概念，当帝国意欲将其主权加以落实，必须根据殖民地的历史、民情和情势，审慎为之。用柏克自己的话来说，在这种帝国关系中，一方面，"帝国也者，是有别于单个的邦国、或王国的；一个帝国，是众多的邦国在一共同首脑之下的集合体，不论这首脑是一位君主，还是居于首席地位的共和国"；另一方面，"在这样的政体中，次一级的政区（即殖民地），每有大量的地方特权与豁免权，……在地方特权与共同的最高权威之间，界限当极端微妙"。至于这个"极端微妙的"界限如何判断，柏克并未明确给出一个放之四海而皆准的"标准答案"，但实际上柏克暗含的判断基准还是在于历史，在于经验，就英国的历史经验而言，实际上就是基于英国的宪法或自由权。

从柏克帝国思想的这一基本内容出发，一些研究者认为柏克提出了一种"联邦主义的"帝国论。这当然是有一定道理的。^①但是，可以确定的是，柏克虽然强调殖民地的自治地位，但是他仍然坚持帝国具有某种最后决定性的中央权威，保持对殖民地的监督，与此同时更为强调对这一帝国监督权力的监督和使用的审慎，这也许不是一般意义上的联邦论所能涵盖的。所以，在笔者看来，与其说柏克的帝国思考是联邦主义的，不如说柏克的帝国思考是宪政主义的或立宪主义的，其要旨即在于，应该从宪法原则的高度认识美洲问题，并以此来处理美洲问题。

柏克指出："除商业的受限制以外，美洲在其所有的内部事务中，有着自由政体的每一特征。她有着英国宪法的影子，有着英国宪政的实质。"^②"无代表不纳税"不仅是英国宪政的历史，也是英国宪政的

---

① James Conniff. *The Useful Cobbler: Edmund Burke and the Politics of Progress*[M]. New York: State University of New York Press, 1994:211. 另参见郭家宏. 从旧帝国到新帝国——1783—1815年英帝国史刚要 [M]. 北京：商务印书馆，2007:88

② 柏克. 美洲三书 [M].2003:27.

原则和精神，所以，课税于美洲这种导致美洲冲突的法案本身就是违反宪政原则的政策。柏克认为，"这种性质的课税，与商业的基本原则与正直公平的每一观念，都是格格不入的；而殖民地的建立，却是出于商业的原则，政治的公平，则又是帝国的基石，正是基于此，我们才尽量把英国宪法的精神与恩惠，扩展到帝国的每一属地。"①事实上，美洲人民借由帝国宪法的扩展，已经具有的自由的气质和性格，这也是柏克认为美洲之不可由武力加以征服的最重要的根据。②因而柏克主张，"我们要允许殖民地的人民在我们的宪法中占有股份，至于这么做是丧权，还是施惠，则不在我考虑之列"③。

此外，我还想就柏克的"帝国论"稍作引申，即柏克在美洲事务的处理中关于帝国问题的思考，其所提出的基于宪政主义的帝国治理或帝国政治秩序，实际上给我们究竟如何认识、理解并维护现代的国家（帝国）利益以十分有益的启示。对此，我们应该将其置于从18世纪后期英帝国面临着帝国治理转型这个时代背景下来考察。

英帝国的形成是与英国海外殖民的历史发展分不开的。虽然英国在北美、西印度群岛以及印度均开拓了殖民贸易据点，但北美殖民地的经营是其主体。经过"七年战争"，英国击败法国、西班牙，开始成为真正意义上的世界"帝国"。不过，英国在北美的殖民不同于欧洲其他国家的殖民，其殖民不是来自于政府的推动，而是私人的冒险。由于这个缘故，北美殖民地自其建立之初，就较少受到政府的干预，自治程度甚高。事实上，对于殖民地如何治理，在英国政府也一直没有明确的政策。这种状况当然主要是和17世纪英国政治有关。由于17世纪英国国内政治的持续动荡，历经革命、复辟到再革命的洗礼，也

---

① 柏克. 美洲三书.2003:27，第39—40页。
② 同上注，第88页以下。
③ 同上注，第112页。

就不可能形成十分确定的殖民地政策。此外，在北美的殖民并非英国一家，其他欧陆国家均和英国构成竞争态势。因此，英国政府的首要任务就是如何能够在殖民地的争霸斗争中击败其他欧陆国家，主要是法国，而不是对殖民地的治理问题。需要指出的是，欧洲国家重视对殖民地的霸权争夺，主要是基于当时盛行于欧陆的重商主义。在这些国家看来，一旦获得对殖民地的独占，就等于获得了一个新的原材料基地和工业产品销售市场。按照重商主义的一般观念，垄断对殖民地的贸易即可获得作为财富象征的金银输入，增加国家财富。同时，在帝国和殖民地的贸易体系中，殖民地永远处于依附地位，贸易为帝国控制和垄断，受到严格的控制。但是，英国对北美殖民地的控制主要在贸易政策上，政治上则相当自由。而且英帝国内部的广大市场也是殖民地经济繁荣不可或缺的。此外，殖民地面临着印第安人和欧洲其他国家侵占的现实威胁，需要英国政府的军事保护。由于这些原因，北美殖民地虽然在贸易上处于一种与帝国相对不平等的地位，但是这种殖民地管理体制也并未受到太大的挑战。[1]

英国殖民地政策的转变大致以"七年战争"的结束为界。"七年战争"胜利后，英国在北美获得了全面霸权，但是也因此而背负了沉重的战争债务。为缓解财政问题，同时也进一步加强对殖民的控制，英国政府开始调整殖民地政策。马丁·鲍威尔（Martyn J.Powell）将 18 世纪下半叶英国政府开始尝试重新调整帝国与殖民地的关系的努力概括为"帝国中央化"[2]。自格伦威尔（George Grenville）以后的历届政府均对此没有异议，各政党之于英国议会主权的立场实质上也没有分别。但是，也正是由此开始，帝国与北美殖民地开始陷入冲突，从《印花税法案》开始，终至独立。

---

① 参见郭家宏. 从旧帝国到新帝国——1783—1815 年英帝国史刚要 [M]. 9–51.
② Martyn J.Powell. British Party Politics and Imperial Control: The Rockingham Whigs and Ireland, 1765–1782[J]. *Parliamentary History*, Vol.21, 2002:325.

史家一般把"七年战争"之后的英国称为第一英帝国，这一帝国因为北美独立而解体。我们一般所熟悉的"日不落"帝国则被称为第二英帝国。如前所述，由于客观条件的局限，第一英帝国实际上一直没有系统的殖民地治理政策。在我看来，"七年战争"之后英国开始调整其殖民地政策之际，随即陷入与北美殖民地的冲突之中，恰好提供了一个反思帝国治理秩序的契机。这一场冲突也实际上是对探索中的殖民地管理体制的考验。柏克关于帝国思考的重要意义，一方面在于为英帝国的殖民地管理提出了一个可供选择的现实方案；事实上，柏克所建议的帝国方案，在北美独立之后，几经修正，也确实基本上是后来承认各殖民地自治地位的英联邦方案的雏形。① 另一方面，柏克就此一攸关帝国前途命运的大问题的思考过程，提示的是究竟应该如何认识＼思考帝国（国家）利益的问题。柏克的立宪主义的帝国论，正是这一思考的范本。

在《论课税于美洲的演讲》中，柏克就指出："临大事，却只有井蛙之胸怀，其祸国殃民的教训之深，之足为后人的镜鉴者，是以内阁对美洲事务的处理为甚的。这些国家的仆人们，对待我们复杂的利益之整体，从没有过前后一贯的立场。"在柏克看来，在既有的帝国体制下，殖民地享有其自治地位，并未出现问题，甚至"大有益于人类的安宁与幸福"，政府违背宪政原则的征税举措，"没有带来税入，只引来了不满、混乱与不服从……也就是说，去无税处征税了"，即便把获得税入当做是国家的利益，显然也是本末倒置，得不偿失。所以柏克指出："我之始终坚持 1766 年的方针，不为别的，只因为你们的真利益……除非你回到这一方针，英国断没有和平。"② 在《论与美洲和

---

① 当时在殖民地中如此主张的代表是詹姆斯·威尔逊（James Wilson），参见 J. Mark Alcorn. James Wilson on the Authority of the British in North America. Paper presented at the annual meeting of the Western Political Science Association, San Francisco, April 2010.

② 柏克. 美洲三书 [M].2003:9, 63–65.

解的演讲》中，柏克继续表示："每当我想到我们之拥有殖民地。目的不在其他，只为了有益于我们，则为驯服他们而使之变得无益，这种做法，我诚然愚钝，实在是觉得荒唐了点"，因此，"我所关心的问题，并非你有没有权利使你的人民痛苦，而是让他们幸福合不合于你的利益"。[①] 柏克认为，只有依照宪法精神尊重殖民地的自治权利，与之和解，才能够保持帝国的完整，这才是帝国之最重要的利益。这实质上是将帝国之自由权赋予殖民地人民，这正是英帝国的优势所在。柏克提醒道："自由，他们却只能得自于您这里，除非您彻底忘了自己的真利益和与身俱来的大尊严。……拒绝他们分享这自由，您就是断了唯一的纽带，当初带来帝国之统一的是这纽带，日后必保证帝国之统一的，也是这纽带。……是英国宪法的精神，涵濡了这广大的人群，进而渗透、喂养、统一、鼓舞了帝国的每一部分，甚至其最小的成员，并使得他们生气勃勃。"基于此，柏克指出："在政治中，宅心于高尚，绝少不是最真正的智慧；一个伟大的帝国，一群渺小的心灵，是很不般配的。……让我们以获取美洲帝国的方式，去获取美洲的财源吧，美洲所以有今日，是因为英国的特权，美洲若有明天，也唯有靠英国的特权。"[②]

　　基于宪政主义的原则来尊重美洲的自治地位事关帝国的根本利益，更为重要的是还关联着帝国内政的良窳。在《致布里斯托里城行政司法长官书》中柏克就集中讨论了这一问题。在提出帝国处理美洲事务的举措具有长远的严重危害的同时，柏克尤为关注其之于对国内宪政的影响。为此，他一再指出保持对王权的警惕，依靠牢固而持久的政治联合即政党来加以制衡的必要性，以及英国的宪法精神——自由的价值。[③] 柏克感叹的是："自由正处在不受英国人喜爱的危险中。为

---

① 柏克. 美洲三书 [M].2003:9，第 102、111 页。
② 同上注，第 151—153 页。
③ 同上注，第 209—210 页。

争夺虚幻的权力，我们开始染上了宰割他人的坏习气，开始丧失对平等的爱好。我们祖先的原则，在我们眼里变得可疑了；因为我们觉得我们的孩子们之所以反对我们正是被它们煽动的。自由过多而导致的缺点，在我们看来，远比做奴才的恶果可怕。所以，我们宁可原谅对权力的最大滥用，也不谅解对权力的最小抵抗。对常备军之后果的多有担心，都被看做是无谓的恐慌。不知人间有羞耻，竟在内战中召请外国的军队和野蛮人。以雇佣军的刀剑统治半个帝国，将给我们带来怎样的必然结果，我们漫不关心。我们只相信蛊惑，以为谁想欺压自己的同胞，谁就是爱国，谁恨内战，谁就是煽动造反；谁有宽大、克制、温柔与和解的品格，谁善待本王国之属民的特权，谁就是背叛了国家。"[①] David Fidter 和 Jennifer Welsh 评价说："对柏克来说，不惜一切代价确保帝国的完整并不是最终的目的。他的帝国社会观念，基于英国宪法之核心的深刻的政治原则，——柏克相信英国的帝国政策所贬低了这一原则。柏克寻求维护英国和美洲的关系不是为了帝国本身，而是因为他想让帝国成为分享自由果实的共同体。虽然他试图调和帝国与自由，一旦英国的政策迫使在自由和帝国之间作出抉择，柏克选择的是自由。"[②] 就我的理解而言，柏克之所以在自由和帝国之间会选择自由，正是因为他所理解的帝国之根本正在于自由，无自由之"皮"，帝国之"毛"即无所附焉。而且，这种在自由和帝国之间的抉择，不单单是英帝国在第一帝国的巅峰之际所面临的课题，实则是所有追求帝国的政治社会在实现其帝国理想之际都要面临的课题，这也是为何柏克的帝国论自其提出后，三百年来不断引人深思的原因。对于那些依然试图实现其帝国抱负的国家来说，也许柏克的帝国思考最富教益，也最值得重新审视。

① 柏克 . 美洲三书 [M].2003:9，第 210 页。

② David Fidler and Jennifer Welsh. *Empire and Community: Edmund Burke's Writings and Speeches on International Relations*[M]. Oxford: Westview Press, 1999:18.

第五章
财产权、政府与市场：柏克的政治经济学

> 国家应该把它本身限制在与国家有关的那些事务上，或者说是国家的造物上，即它宗教的外部体制，它的官员，它的岁入，它的海陆军力量，得它批准而存在的法人团体，一句话，即限制在它的确是公共的一切事务上，公共和平、公共安全、公共秩序、公共繁荣。
>
> ——柏克：《论歉收》

在早期现代的历史演变中，现代商业资本主义的崛起不仅为现代政制的发育注入了新的活力，而且伴随着这一发育过程，一门新兴的学科即政治经济学也逐渐形成。具体说来，伴随着中世纪晚期的政治社会的解体，以及军事战争和宗教改革与环地中海商品贸易的扩展，尤其是文艺复兴以来的早期现代的科学技术革命，劳动分工与工业生产的增强，一种在性质上远不同于传统意义上的财富以及产生方式被极大地催生出来，而且反过来，这种财富作为一种动力机制，又极大地促进了上述各个方面的快速发展。于是，一种有关新型财富——国民财富的性质与原因的学科——政治经济学，它与古典传统的有关财富研究的两门学科——家政学与政治学，具有本性上的差别，或者说，是上述两门分立的学科在新的社会情况下或新的时代的整合，通过这

种属于现代性的整合，建立起来了。①

历史来看，现代政治经济学是在 17、18 世纪的英国思想家那里才真正形成，以苏格兰历史学派所代表的英国古典政治经济学可以说是西方经济学的一个伟大的起点，它标志着现代经济学作为一门独立的学科已经成形。一般认为，近代经济学到了斯密手里，特别是在《国富论》中才真正得到富有体系性的呈现。不过需要注意的是，18 世纪的英国古典经济学从本质上说是一种政治经济学，或者说，真正独立的近代经济学从一开始就是作为一门政治经济学而出现的。英国的这种古典经济学既不同于希腊的家政学，也不同于 19 世纪末之后在西方流行的一般经济学（即马克思在《资本论》初版序中所论及的"庸俗经济学"），它是一种意义非常独特的经济体系，它们对于经济的看法超越了以前的就事论事的孤立方法，已经涉及到社会的经济过程、生产、交换以及财富的本性等基本的经济学问题，特别是在苏格兰历史学派那里，"经济"被放到了一个社会政治的广阔背景下来加以分析和研究，"政治社会"成为了"经济学"的出发点，因此，它们又可以说是一种市民社会的政治经济学。把经济学置于政治学的统辖之下，或从一个广阔的政治社会的现实背景以及历史的动态演变中考察一个社会的经济过程和财富的本性，这是英国古典政治经济学的基本特征。所以，在英国的古典经济学中，"政治"具有重要的意义，它意味着古典经济学家们对于社会财富的本性认识，乃至对于整个经济社会的认识，是置于一个政治的制度和社会的结构之中来进行的。因此，古典经济学不可能是就事论事地谈论一般意义上的经济事务，而是要对于国家这个"政治动物"给予政治上的"解剖"，要探讨"政治学如何成为一门科学"，探讨政体与经济繁荣的关系，研究国民财富的性质和原

---

① 参见高全喜. 西方"早期现代"的思想史背景及其中国问题 [J]. 读书，2010(4):33-34；高全喜. 政治宪法学纲要 [M]. 北京：中央编译出版社 2014 年版.

因，要强调它是“政治家与立法家”所要解决的一门政治经济学。[①]

在英国政治经济学的历史谱系中，柏克具有着特殊的地位。尽管并非专业的经济学家，但柏克一生均致力于研究政治经济学，写下了诸多经济学著述，并以此自诩。此外，柏克的政治经济学研究与休谟，特别是与斯密存在密切关联。关键是，由于英国古典的政治经济学对于经济的考察与研究本身就存在着一个内在的政治哲学视野，因此，我们不难发现柏克的甚至其他18世纪英国思想家的政治哲学，事实上都包含着丰富的政治经济学的内容，或者说政治经济学在英国的古典思想家那里完全是作为他们的社会政治理论中的一个不可分割的重要部分。正如笔者在下面所要进一步阐述的，与斯密、休谟身处同一时期即英国古典经济学的孕育期、成熟期的柏克，其政治经济学同样属于英国的古典政治经济学传统。它不仅分享了这一传统共同的主题，而且与这一传统一道参与到早期现代英国宪政的发展之中，共同推动着英国宪政在18世纪的历史转型。

关于柏克的政治经济学，研究者早有注意。麦克佛森在其《柏克》一著中，就着力从柏克的政治经济学家的身份作为切入点，来解释他所谓的“柏克问题”。[②] 不过从现有的研究来看，弗朗西斯·凯纳文的《柏克的政治经济学：财产权在其思想中的地位》是第一本系统研究柏克的政治经济学的专著。一如其书名所示，该著主要围绕着柏克关于财产权问题的看法进行解读，且作者在开篇即表示，此著既非赞扬亦非谴责柏克的立场，而是力图完整梳理柏克关于财产权与社会之间的关系的看法。[③] 陈志瑞在其博士论文《保守与自由——埃德蒙·柏克的政治思想》中，把柏克的政治经济学作为柏克试图解决英国宪政的

① 参见高全喜．休谟的政治哲学 [M]. 北京：北京大学出版社，2005:170–180.

② 麦克佛森．柏克 [M]. 杨肃献译．台北：联经出版事业公司，1985:59–79.

③ Francis Canavan. *The Political Economy of Edmund Burke*[M].New York: Fordham University Press, 1995:ix.

核心问题的一个构成部分之一。陈文认为："柏克是侧重政治去探讨经济问题的，关注的始终是经济政策和活动的道德和政治后果，正像斯密侧重经济而关心政治问题一样。他关于爱尔兰、北美印度以及法国革命的著述，都涉及经济问题，但目的都是要维护英国的宪政。他的经济改革的政治意图更为明显。"[①] 斯密是否侧重经济而关心政治我们暂且不论，陈文显然意识到了柏克的政治经济学与英国宪法的密切勾连，即"柏克政治经济学的落脚点在政治，而不在经济"。但是，陈文对柏克政治经济学的探讨仅仅局限于柏克晚年所写的《论歉收》一文，在略叙其内容之外并未详细阐释柏克的政治经济学之于英国宪政的意义究竟何在。事实上，就其在此中的讨论而言，也并未逾越麦克佛森的研究范围。因之，从英国 18 世纪的实际政治背景出发，从柏克政治思想的整体出发，整理柏克政治经济学的宪政意义，对进一步理解柏克的政治思想就是十分必要的。

在笔者看来，柏克的政治经济学隶属于早期现代的政治经济学范畴，虽然并非系统的理论建构，但其以财产权为中心的讨论具有重要的宪法意义；此外，同斯密、休谟的政治经济学一样，柏克的政治经济学并不因此而成为单纯的所谓的自由放任的鼓吹，事实上在以财产权为核心的自由市场主题之外，柏克还特别对政府的地位和作用高度重视，展现的是一个丰富的、厚重的国家权力向度。因此，柏克的政治经济学包括两个向度，一是财产权向度，着眼于财产权的稳定性和政府权力的界限；一是国家权力向度，着眼于政府权力作为政治社会之不可或缺的公共性质。这两大向度在柏克的政治经济学中是相互依存的，紧密勾连，不可分离。柏克的政治经济学因此就向我们展示了19 世纪之后乃至现代的自由主义所遮蔽的国家主题。从柏克的政治经

---

① 陈志瑞. 保守与自由——埃德蒙·伯克的政治思想 [D]. 南京大学博士学位论文，1996.

济学中，我们不仅看到以财产权为核心的宪制发生要素，而且也就可以发现现代自由主义所忽略所遮蔽而在早期现代的古典自由主义那里得到高度重视并详加阐述的国家权力之维的内涵。这种"厚"的而不是"薄"的政治经济学实乃支撑 18 世纪英国宪制的重要根基，它在为时代的财富生产进行正当性说明的同时，也为国家的宪制成熟埋下了最为坚实的基础。

一、作为经济学家的柏克

尽管人们一般不把柏克视为专业的经济学家，而且梅尔基奥·帕伊（Melchior Palyi）在讨论柏克与斯密的关系时写道："他们的观念、方法甚至问题明显不同，一如他们自己和他们的个人职业之不同。"[1]不过，柏克确实对政治经济学的核心原则有着敏锐的把握，在英国古典政治经济学中具有特殊的地位。柏克是最早鼓吹自由贸易的伟大的英国政治家并理当被视为经济学的先驱之一。[2]

柏克何时开始关注并形成对于政治经济学的立场，也许很难考证。但在 1759—1765 年间聘任柏克六年之久、"只演讲过一次"的汉密尔顿，说柏克除了音乐和赌博之外什么都懂，并把他看作研究的指南。在另一个场合，汉密尔顿对一位朋友评价说，虽然他是贸易大臣，虽然他有权接触各类官方文件，虽然他也真心研究，但尽管如此在与柏克交谈之时还不免失落，柏克在这一领域的学问十分伟大。[3] 柏克很

---

① 参见 John Maurice Clark 等 . Adam Smith, 1776–1926. "The Introduction of Adam Smith on the Continent":181; 亦参见 W. C. Dunn. Adam Smith and Edmund Burke: Complementary Contemporaries[J]. in *The Southern Economic Journal*, Vol. VII, No. 3, January 1941: 330.

② Donal Barrington. Edmund Burke as an Economist[J] Economica, New Series, Vol. 21, No. 83, 1954:252–258.

③ Edmund Burke. *Thoughts and Details on Scarcity*[M]. London, 1800, Freface:vi.

可能是在与汉密尔顿共事的六年间开始研究政治经济学。① 但是远在此之前，当他还是都柏林三一学院的一名学生，他似乎就在构想分散的经济原则能够整合为一门确定的科学。在其主编的《改革家》中，他慨叹爱尔兰贸易的悲惨状况并建议贵族们应当像资助其他学问分支一样资助对贸易的研究，认为把从事贸易研究作为一门确定的学问是十分必要的。"没有什么一开始就达其顶峰，"他写道："而鼓励贸易的精神或许最后要成长为科学。迄今为止所进行的研究是通过人类的团体取得的，尽管私人往往支持优雅的著作，但少有人具有逐一探究任何事物的勇气。"② 这写于 1748 年，当时柏克只有十八岁。11 年之后，西敏寺校长马克海姆（Dr. Markham）向昆斯佰里公爵夫人（Duchess of Queensbury）致信推荐柏克担任马德里领事一职，评价其主要应用于公共事务的知识和大英帝国的商业利益，他似乎拥有最为广博的知识，其中有过人的商业天赋，正需要在他的国家的任何重要服务中一展身手。③

柏克在 1766 年进入下院后不久就因为是贸易和商业问题的专家而声名鹊起。在他第一次演讲后不久，General Lee 就写信给 Prince Royal of Poland 说，一个爱尔兰人，柏克先生正在下院崛起，以其雄辩，以及对大英帝国内外政局及其商业利益的广泛了解而使人震撼。④ 1766 年 10 月，格拉夫顿公爵致信查塔姆（老皮特）建议吸纳柏克入阁，担任贸易委员会大臣，皮特拒绝了这一建议。老皮特虽然承认柏克才干杰出，但认为他对于贸易的观点过于与正统不合。"至于他的贸易观念和论断，"皮特写道："它们永远无法说服我。对制造和商业的每一真正的原则来说，让类似棉花这类重要物质依赖于法国和丹麦群岛的生

① Bertram Newman. *Edmund Burke*[M]. London, 1927, p. 19.
② The Reformer, No. 6, reproduced in Samuels' *Early Life of Burke*, p. 314.
③ Prior. *Life of Burke*[M]. 5th ed., London, 1884, pp. 62–63.
④ Lee to the Prince Royal of Poland, December 26th, 1766, in Lee's *Memoirs,* Dublin, 1792: 297.

产而不是不列颠本身，没有什么比这更不明智和令人厌恶了。"①

在 1774 年抵达布里斯托里的演讲中，柏克自己举出了他从事经济研究的证据。当他首次投身于公共服务，即已考虑如何使自己符合要求：他所做的是通过努力发现英国靠什么来取得其世界地位，并发现英国的繁荣和尊严有两大源泉，即宪法与商业，二者都是他不遗余力去研究，去支持的。② 多年以后，当柏克在其《致某贵族书》中，回应 Bedford 公爵和 Lauderdal 伯爵（著名经济学家）对他获得退休年金的攻击时反驳说，在他的第一个议会会期内就发现有必要分析大不列颠及其帝国的整个商业的财政的宪法的以及外交的利益。③ 他随之写了下面最引人瞩目的一段：这位先生是否认为他们——建议国王使我简单退休——只把我看做一个经济学家？但是，要是如此，众所周知，余愿已足。假使我不曾珍视它的某些价值的话，一直到即将离开国会时，在欧洲其他地区的思想家甚至尚未思考这个问题之前（至少就我所知来说），就把政治经济学作为我的研究对象之一。在那时的英国，它仍只是新生的学问，而且也刚在一个世纪前诞生于英国。那些优秀的饱学之士，认为我的研究并非仅为宣传手册之物。并且承蒙他们时常跟我讨论那些不朽著作里的某些论点。这些研究中的某些东西也会出现在我早先出版的著作中。差不多有二十八年的时间，国会已证明了它的效用，而且多少也蒙受了它们的好处。④

这里所提到的和柏克相互探讨其不朽著作中的某些论点的伟大的饱学之士是斯密及其《国富论》。当斯密读到柏克的《论崇高与美》——柏克以其本名出版的第一本书——即认为作者"如果接受教

---

① Chatham to Grafton. October 19th, 1766, in *Autobiography and Politicel Cor-respondence of Augustus Henry, Third Duke of Grafton*[M]. ed. by Sir William Anson, London, 1898:108.

② *The Works of Edmund Burke* (16 vols, 1815–1827), Vol. II, p. 4.

③ *The Works of Edmund Burke* (16 vols, 1815–1827), Vol. IV, p. 298.

④ *The Works of Edmund Burke* (16 vols, 1815–1827), vol. VIII, p.27.

职"将是格拉斯哥大学的荣幸。[①] 1759 年，休谟试图在伦敦推介斯密的《道德情操论》，送给柏克一册，并声称这份礼物直接源自斯密。柏克立刻为此著吸引并向休谟要了斯密的地址。[②] 同年，柏克在他主编的《年鉴》中以极大地热忱评论了该书。评论者高度评价此著[③]，还显示他本人对重农学派著作的熟稔。"法国的经济学作家们，"他写道："无疑有其价值。在本世纪为农业、制造以及商业领域的一种合理的理论开辟了道路。但是他们中间没有一本著作甚至他们全部加在一起也无法在思想的睿智和洞察，观点的广度，精确的区分，各部分之间恰当的和自然的关联与支撑上与此著相提并论。"[④]

柏克与斯密可能早在 1759 年就见过面。可以肯定 1775 年斯密成为约翰逊俱乐部会员之时他们已经互相熟悉。他们成为好友并在《国富论》出版后斯密在伦敦的两年内过从甚密。柏克在 1784 年前往格拉斯哥大学，就任名誉校长。他在苏格兰住了有十天左右。他住在何处我们不得而知，但肯定大部分时间是和当时担任该校逻辑学教授的斯密在一起。[⑤] 毕塞特（Bisset）关于柏克的传记显示，柏克提到斯密几乎全是赞誉之辞，说他有深刻的和渊博的学识，而且说他的著作将极具价值。柏克还说斯密的心和他的头脑一样好，其风格"尤为令人愉悦"。[⑥]

斯密和柏克作为朋友，似乎可以合理地认为柏克在经济学上自斯密处有所借鉴。无疑，柏克受到了斯密的影响。但尽管如此，柏克在其主要结论上是独立的。按照柏克自己的说法，我们已经看到当他还

---

① Letter from Dugald Stewart to Sir James Prior , Prior. *Life of Burke*[M]. p. 38, footnote.

② 约翰·雷. 亚当·斯密传 [M]. 胡企林、陈应年译 . 北京：商务印书馆，1992:129–130.

③ 由于没有署名，因而不能确定年鉴中对斯密《国富论》的这一评论是否源自柏克本人。柏克直到 1776 年还在主持年鉴事务并且负责大部分写作，但是他有一位助手，所以我们不能确定他是否亲自写了这一具体的评论，不过很有可能是他写的，特别是斯密作为好友而且他对经济学又很有兴趣。这篇评论的写作风格也支持这种推测。

④ Annual Register, 1776, Part II, p. 241.

⑤ John Rae. *Life of Adam Smith*[M]. London, 1895, p. 388.

⑥ Bisset. The Life of Edmund Burke, 2nd ed.[M]. London, 1800, Vol. II, p. 424.

是学生之时即已对贸易研究颇有兴趣，而且在就其所知在欧洲其他地区的思想家甚至尚未思考这个问题之前就已经在研究政治经济学了。这些说法也间接得到斯密评论的证实。据闻，斯密曾说柏克是他所见过的唯一在交流之前就和他在经济学问题上思想完全一致的人。[①]

此外，柏克的经济思想也得到了商界的注意和支持，在他的职业生涯期间，几乎所有爱尔兰和英格兰的商业城市都向他表达感激致谢。[②] 在 1766 年 6 月，这是柏克进入下院之后六个月之后，兰开斯特商界就曾向他致意："阁下：我们，兰开斯特商界，满怀感激与尊敬，对您在上次漫长和勤勉的国会会期内留意大不列颠及其殖民地的商业利益，包括清理商业道路上的障碍和开辟新的贸易来源，请允许我们致以最诚挚的谢意，由此我们信心满怀，未来本王国的制造业和航海业能够得以显著提升和扩展……"[③]

---

① Bisset. *Life of Burke*[M]. Vol. II, p. 429. 这则轶事显示出柏克和斯密之间在"政治经济学的主题"上存在密切关系，自其首次在 *Robert Bisset* 1800 年关于柏克的传记中出现以来一直广为流传。在关于二人的传记性研究中这已经几乎是必须要引用的段落，参见 Donald Winch. The Burke–Smith Problem and Late Eighteer th–Century Political and Economic Thought[J]. *The Historical Journal*. Vol. 28, No. 1. Mar. 1985:231. 柏克不仅独立于斯密得出经济学的结论，而且实际上还对斯密在某些问题上有所启发。Thomas Moore 在其 Memoirs 中提到 Wordsworth 的一条有趣的评论。Wordsworth 不满政客们的无知，但是他说柏克是个例外，是当时最伟大的人，不仅本身学富五车，而且几乎在任何研究领域给最有才干的同代人以帮助，"帮助斯密的政治经济学以及 Reynolds 的论绘画"。Wordsworth 提到柏克对 Reynolds 的帮助是正确的，他所提到的斯密也得到柏克的帮助就很有可能也是确切的，参见 Moore. *Memoirs, Journal and Correspondence* (8 Vols.), London, 1853–1856, Vol.III, p. 16. 我们还可以在 1800 年出版的柏克《论歉收》一文的序言中找到证据。这本小册子据说是柏克经济学论著最为重要的著作，但在柏克生前并未出版。它的最初形式是柏克在 1795 年呈给皮特的备忘录。该书的序言提到柏克对英国商业体系的深入了解，它提到柏克很快就因为作为经济事务的专家而在下院声名卓著；它继续言及，虽然柏克早作为经济学家声名远播，但他对政治经济学的研究是终生的，并利用任何机会来考察其他国家的经济体制，作为这一日常研究的结果，柏克更为确信"不受限制的自由交易乃是生产和供应最有活力的原则"。最为重要的是，该序言指出，柏克在著名的《国富论》的写作过程中，得到斯密博士的咨询，并最大程度地遵循了他的看法，参见 *Thoughts and Details on Scarcity*. London: Preface, 1800:VI.

② 柏克的经济立场也给他带来了问题，因为主张对爱尔兰的自由贸易使他失去了布里斯托里的支持，在该市的议员选举中落败。参见 Donal Barrington. Edmund Burke as an Economist[J]. *Economica, New Series*. Vol.21, No.83, 1954.

③ *The Correspondence of Edmund Burke* (10 Vols.1958–1978), vol.I, p.1)4.

因此我们可以看出，柏克对政治经济学的原则有相当程度的把握。柏克是一位自由贸易论者，独立地得出了斯密在其经济学著作中提出的重要结论，并且斯密也敬重他在此一领域内的观点，甚至向他在某些问题上进行探讨，所以柏克无疑有资格被视为经济学的先驱。

二、财产权与政府

必须指出，柏克虽然可以视为经济学的先驱，但他显然不像斯密一般对经济学加以系统的研究和阐述，他的一系列政治经济学思想散见于其演讲甚至书信之中。不过，柏克与这些早起现代的经济学家共同分享的一个主题就是财产权问题。柏克之于财产权问题的认识，可以说是其政治经济学的重要内容，主要的内容有二：一是强调财产权的稳定性，二是强调财产权的保障是政府的目的。[①]

我们先来看柏克之于财产权之稳定性的强调。财产权，对柏克来说，乃是与人性中根深蒂固的冲动相一致的自然权利。在论及法国贵族及其特权之时，柏克即提出："在每一个个体中，保护他所发现的属于他的所有物，并使自己有别于他人的激烈斗争，乃是对抗植根于我们本性之中的对抗不正义和专制的保障之一。它是作为一种保护财产的本能，和保卫一个稳固的国家之内的共同体的本能来发挥作用的。"[②] 财产权是一项自然权利，这是因为它对于成熟的市民社会，不可或缺。在强调稳定的和安全的财产的市民社会的重要性之时，柏克表示："我十分确信的是，一切有助于财产权之稳定的事物都是正当的，

① Francis Canavan. *The Political Economy of Edmund Burke*[M]. New York: Fordham University Press, 1995:70–96.

② *The Works of Edmund Burke* (16 Vols, 1815–1827), Vol.V, p.254; *The Correspondence of Edmund Burke* (10 Vols.1958–1978), Vol.3, p.456.

并对和平、秩序以及任何国家的文明贡献良多。"[1]

可以说，财产权本身固然并不是目的，但是其稳定性和安全极其重要。这种对财产权的理解贯穿柏克一生。例如，当国会首次建议管理东印度公司事务之时，作为罗金汉姆党的发言人，柏克立即起而为该公司管理其财产的特许权而辩护。"我们（国会）开始自封"，柏克致信其友人查尔斯·奥哈拉（Charles O'Hara）表示，"为一项法律的法官，以在臣民和国王之间决定最令人关切和重要的财产问题，但却没有丝毫的正当理由"[2]；当国会在其他管理该公司的法案中，通过了一项法令规定，将该公司此前宣布的 12% 的红利降为 10%，罗金汉姆和其他 18 位贵族向上院提交了一份抗议，由柏克起草，谴责国会的法案"是溯及既往之法，撤消了该公司处置其财产的一项合法行为……无论是从私人正义还是公共福利的角度来说都没有必要或理由"[3]。

柏克还在 1780 年"关于经济改革的讲演"中强调稳定财产权的重要性。该法案的目的是废除众多的王室职位，以降低王权的不当影响。但是在谈到一些收益十分可观的闲职时，柏克表示他们不应该从目前的职位中退出，并说改革这些职位必须等到他们去世并以新的名义来任命那些即将得到这些职位的新的官员。这种必要的延迟的理由在于："这些职位，以及其他类似为了生计而拥有的官职，应当被视为财产权。它们是被作为供养子女的必需品，是家庭和睦的基础，是债权人的保障。法律所尊重的对我来说是神圣的。如果基于便宜的观念，甚至是公共的便利，法律的围墙被打破，我们就不再有什么确定之物。"柏克进而指出："我承认，有许多公共必要的理由，如此之多，如此清

① *The Correspondence of Edmund Burke* (10 Vols.1958–1978), Vol.3, p.404.

② *The Correspondence of Edmund Burke* (10 Vols.1958–1978), Vol.3, p.404.

③ 弗朗西斯·凯纳文指出，柏克就东印度公司的红利问题的立场受到了其表兄威廉·柏克的影响，因为威廉当时在该公司股票有大笔投资。参见 Francis Canavan. *The Political Economy of Edmund Burke*[M].New York: Fordham University Press, 1995:53.

晰，如此明白，以至于它们代替了所有的法律。法律只能基于共同体的利益来制定，其任何部分都不能对抗包括整体的公共利益在内的某种愿望。"柏克虽然认为改革是必要的，但废除那些确定职位的改革应该暂缓进行。①

1781 年 2 月，当时荷兰也加入美洲独立战争中殖民地一边，乔治·布里奇斯·罗德尼舰长（Admiral George Brydges Rodney）率领的一支英国舰队占领了圣尤斯特歇斯（St. Eustatius）岛，这是荷兰人在安的列斯群岛（Antilles）的一个货栈。罗德尼（Rodney）"完全无视法律"就没收了其中的私人财产。② 针对这种对荷兰人和其他人财产甚至包括英国人财产的征收，柏克予以严厉批评："对那些人或者与之有关的人或者就是不论朋友还是敌人的掠夺目前对整个国家的大多数人而言都是令人兴奋不已之事。在这一点上他们和他们的统治者一致。"③ 柏克还在下院质疑 Rodney 的行动违反了国际法，即征服者必须像对待自己臣民一样对待那些业已投降的被征服者。至于君主对于自己的臣民有何义务，柏克这样解释："假设臣民暂时放弃了他的财产以及所有国王提供的保护的好处却仍然受到忠诚义务的约束，或者当整个国家的财产全部为君主所拥有他还能拥有其名号是可笑的：他也许可以被称为土地的所有者或者唯一的处置者，但不可僭越国王的称号。这是所有善德之神圣的造物主所启发的原则，为内心所感知，为理性所体认，为同意所确立。"④ 这就是说，自然法要求保护私有财产是政府的义务所在。

在谈到法国政府征集足够的税收所面临的问题时，柏克评论说："众多的财政专家都倾向于只看到所谓的银行、发行量、年金、养老

① *The Works of Edmund Burke* (16 Vols, 1815–1827), Vol. III, pp. 308–309.

② *The Correspondence of Edmund Burke* (10 Vols.1958–1978), Vol. 4, p. 343.

③ *The Correspondence of Edmund Burke* (10 Vols.1958–1978), Vol. 4, p.350.

④ 转引自 *The Political Economy of Edmund Burke* [M].New York: Fordham University Press, 1995:57.

金、永久租金以及所有那些商店的货物。"这些物品在"一个稳定的国家秩序中"有其用处，但它们并不是真正的财富。"当人们想到这些行乞般地发明在为那些源自于破坏公共秩序的基础，以及导致或承受财产权的原则受到颠覆的罪恶供给资源，他们在毁灭国家的同时，就只剩下那些可笑的政客以及自大、短视、狭隘的智慧的后果的忧伤与持久的纪念。"[1] 因此，就增加国家的财富及其通过税收来维持国家运转的能力而言，财产的稳定和安全乃是人们获得财产权的不可或缺的前提条件。繁荣需要对财产的尊重和对财产所依赖的秩序的尊重："好的秩序是所有好的事物的基础。人们有资格获得的，不是卑躬屈膝，而必须是温顺与服从。治安官必须得到尊重，法律必须有其权威。人民的主体不能发现超出其心灵之外的自然服从原则。他们必须尊重他们所无法分享的财产。他们必须劳动以获得劳动所得；以及当他们发现，一如他们通常所为，成果与努力不成比例，他们必须被教导在永恒正义的最终比例中寻得安慰。无论谁剥夺了他们的这种慰藉，削弱了他们的努力，则就破坏了所有所得之物的根基。这样做他就是残忍的压迫者，穷困和不幸之人的无情之敌，同时通过他邪恶的思考，他将成功努力的结果，以及财富的积累，展示给粗心大意者、失望者和不顺者。"[2] 而针对法国大革命没收贵族财产的行为，柏克认为："在所有的剧变中（如果剧变是必需的），能够最大限度地减少我们的不幸和提高其中所能获得的好处的情形是，人们应该去用心发现正义的牢固，和财产的保护。"[3] 如果受到民主理论欺骗的人民认为自己就是"所有的主宰"，并有权利为所欲为，后果则就是灾难性的："没有确定的法律——这是确立我们希望和恐惧的稳定基础，就不能使得人们的

---

① *The Works of Edmund Burke* (16 Vols, 1815–1827), Vol.V, pp.432–433.

② *The Works of Edmund Burke* (16 Vols, 1815–1827), Vol.V, p.432.

③ *The Works of Edmund Burke* (16 Vols, 1815–1827), Vol.V, p.283.

行动具有确定的方向，或引导他们走向确定的目的。没有持有财产的稳定性或使财产的功能得以发挥，就不能为父母教育其后代、或者其未来的选择奠定牢固的基础。"[1]

深入理解柏克关于财产权之稳定性和安全性的意义，我们还有必要在这里特别注意柏克所使用的"约定俗成"（prescription）这一概念。柏克并未对"prescription"这个概念作过特别的界定，但就其核心意涵而论，"prescription"约略是指事物经由长期的时间累积而获得的一种正当性。柏克深信，如果反对这种理由（即约定俗成的理由），就没有什么财产是安全的，且法国国民议会在其拒斥约定俗成的观念的同时犯下了严重的错误：如果约定俗成一旦被动摇，没有什么财产是安全的，当它一旦成为穷困的权力贪心所强烈觊觎的对象之时。我所观察到的实践完全与对这一自然法伟大的根基的蔑视相一致。我看到最初是对主教的没收，之后是牧师，之后是修道院，但我看不到他们会就此罢手。[2] 这是因为，正如柏克 1796 年的《致某贵族书》中所解释的，"导致对教会进行掠夺的原则和范例"，也会导致"对所有约定俗成的头衔的蔑视，之后是对所有财产的掠夺。之后则是普遍的灾难"[3]。在柏克看来，当约定俗成业已不在，则一切亦将随之而去，这也是他之所以激烈批评法国民主制的原因："平静的胸中对于鲜血和征夺存在渴望的人民，能够容忍去倾听那种为一种长期得到承认的法律头衔所拥有的任一公民的财物属于国家，以及假设主权权威的运用可以自由剥夺并按其意愿来分配的人民，是不适于高坐审判之位的，或者承担其他职能，因为他们蔑视的正是社会联合的根基。"[4]

我们可以从中看出，柏克何以将"约定俗成"看做能够使不正义

---

[1] *The Works of Edmund Burke* (16 Vols, 1815–1827), Vol. V, pp.181–182.

[2] *The Works of Edmund Burke* (16 Vols, 1815–1827), Vol. V, p.276

[3] *The Works of Edmund Burke* (16 Vols, 1815–1827), Vol. VIII, p. 40.

[4] *The Correspondence of Edmund Burke* (10 Vols.1958–1978), Vol. 6, p.108.

变得正义的一个原则，或者用他自己的话来说，"使得错误变成正当的自然的和法律的时效原则"。一份财产或许来源于不正义的征服或者没收，但是约定俗成使得它成为正义的所有权，当最初的不正义经过了足够长的时间之时。柏克称之为一自然衡平原则，但是它更像是植根于其他的法律渊源，也就是说，"直接源自于我们理性的本性的效用"。[①] 柏克的逻辑是，人的本性作为上帝的创造，并因此作为普遍的道德秩序的一部分，是其社会性。有组织的市民社会是人类真正的自然状态。在这种人类的社会发展中，财产发挥着不可或缺的作用，并因此是一项自然权利。但是财产除非得到充分保护，以免于掠夺和没收，否则就不能在社会中发挥作用。基于此，甚至那些在类似于亨利八世对修道院财产的征收行为中取得的财产也必须得到保护，一旦它逐渐成为人民大众的私人财产并为后代所继承，或者卖给了善意的购买者。如此依赖于财产的安全性是因为约定俗成满足的是一种基本的人性需要，并因此必须被视为一项自然法的原则。最初不正义获得的财产可以得到承认，如果不是为了人类及其社会的利益，则这种权利要求有时候就必须失效和消失。

在阐述财产权的稳定性和持续性之外，柏克尤为关注政府的财产权保护职能，或者说视对财产权的保护为政府的首要目的。在市民社会的众多目标之中，保护财产权的位阶较高，柏克认为是市民社会唯一的，至少是首要的目的。[②] 由于不是在专门的论著中来讨论此一问题，柏克的评论往往出现在论及具体政治问题之时。

柏克在早年没有完成的《论爱尔兰的天主教法》（Tracts Relative to the Laws Against Popery in Ireland）一文中表示："每个人都会同意，

---

① *The Works of Edmund Burke* (16 Vols, 1815–1827), Vol IX, p.351.
② 当然，柏克有时也只是把保护财产权作为市民社会十分广泛的诸多目标之一，并且在十分一般的意义上论及这些目标，这就给人一种他在市民社会存在的目的问题上的看法是模糊的或者不一致的印象。

保护并确保行使我们的自然权利乃是市民社会之伟大的和最终的目的；因此无论何种政府形式只是在它们屈从于这一目的之时才是好的政府，这一目的也是它们要完全遵从的"，他还在该文中指出："一项法律，将大多数人民排除在所有安全的和有价值的财产之外"，是不正义的，因为它"违背了法律的本质，即法律应当尽可能根据全体人民的利益来制定"。①

在 1772 年的一次国会演讲中，柏克提出生命、自由以及财产是社会的目标："将人们的生命、自由、财产等他们结成社会所加以保护的事物予以剥夺，乃是巨大的压迫和不可容忍的暴政。"② 对他们的利益而言，他在一年之前曾说，法律应当保护人们的名誉以对抗诽谤："无疑，每个人的好名声应当置于法律的保护之下，一如其生命、自由和财产。好名声是外在的，护卫着它们并使之具有价值。"③ 在其他的著作和演讲中，柏克论及财产之时，就好像它是政府唯一的或者主要的目的。他在 1782 年表示："约定俗成（Prescription），对于所有的头衔来说都是最为稳固的，不仅仅是针对财产而言，而且对于政府来说保卫财产而言亦是如此。"④ 在 1785 年他论及英国之于印度统治的权力滥用时，柏克表示，当"最高权威……经由小心地戒备和注意来保护着公开的劫掠，它本该如此来保卫财产免遭那种暴力的荼毒，于是共同体也就完全偏离了它的目标"⑤。1793 年他在称赞爱尔兰议会的一位成员时说他"很好地展示了财产权是市民社会的首要渊源、后续奖励以及最终目的"⑥。1791 年他又在致法国国民议会一位成员的信中指出："当你们有了一部原则与我们的宪法类似的宪法，我的意见是，

① *The Works of Edmund Burke* (16 Vols, 1815–1827), Vol.IX, pp.352–364.
② *The Works of Edmund Burke* (16 Vols, 1815–1827), Vol. X, p.16
③ *The Works of Edmund Burke* (16 Vols, 1815–1827), Vol. X, pp.115–116
④ *The Works of Edmund Burke* (16 Vols, 1815–1827), Vol. X, p. 96.
⑤ *The Works of Edmund Burke* (16 Vols, 1815–1827), Vol. IV, p.317.
⑥ *The Correspondence of Edmund Burke* (10 Vols.1958–1978), Vol.7, p.359.

你们就会像我们一样改进它们，使之与时代的现状和迫切性，以及你们国家的财产权的境况，去保护那种财产权，以及你们君主制的实际基础，一如你们所有改革的首要目标。"① 两年后他又致信一位迁居国外的法国贵族："正是对财产权的蔑视，以及措施与原则的背离，这个国家的某些表面上的优势，（仅仅是对于其所保卫而存在）已经使得所有其他的罪恶蹂躏了法国，并把欧洲带进了最为危险的边缘。"② 最后，在他弹劾哈斯廷斯的总结性发言中，他对上院表示："对我来说，提请诸位大人注意到正当的目的乃是所有的管制和监督权力所应当导向的并非不合时宜。首先是打理对任何国家生死攸关的岁入。其次是确保行政长官和法律权威，使之具有荣誉，受到尊敬，具备力量。而第三点就是保护所有人民用以支付其（统治者）对价的动产和不动产。"③ 通过柏克在这里所谈的，以及结合他在别处所论及的财产观，可以看出，财产权无论是对于当下的岁入还是行政当局而言乃是其最后的也是最高的目的。

三、"自由放任"的柏克？

应该说，柏克对财产权的重视和强调并不是孤立现象，与他同一时代的众多思想家，如斯密、休谟等，都在其政治经济学中进行了丰富的阐述，并成为其政治哲学之重要的组成部分。不过，一直以来柏克由于其关于法国革命的立场所导致的保守主义形象广受批评。而到了"二战"之后，一些学者则注意到柏克同斯密保持密切联系，而斯密则是政治经济学之父和自由放任的鼓吹者，这就暗示，柏克在经济

---

① *The Works of Edmund Burke* (16 Vols, 1815–1827), Vol. VI, p.58
② *The Correspondence of Edmund Burke* (10 Vols.1958–1978), Vol.7, p.389
③ *The Works of Edmund Burke* (16 Vols, 1815–1827), Vol.XV, p.340.

问题上一定和斯密具有共同的意识形态立场。[①] 同时，皮特·斯坦利声称，柏克实际上是一位自然法思想家而他所信奉的这些法则是维护财产权和自由竞争市场之必要的。[②] 因此他认为，柏克是对所有形式的国家对社会进行干预，尤其是经济领域的坚定的反对者，无论是在当时法国革命中还是当代的马克思主义者的鼓吹。因之，一种新的解释"正统"出现了。正如斯坦利指出："大多数学者认为其经济理论类似或等同于斯密的《国富论》中的观点，自由市场，自由贸易的自由放任体制，以及经济活动的天然自由，一个从现代社会主义者和马克思主义的集体体制中被祛除的世界。"[③] 这中看法，唯一对柏克进行解释的问题在于澄清他同斯密以及政治经济学家的关系，追踪他与崛起中的资本主义秩序之间的关联，并调和其保守主义政治思想与自由经济思想之间的明显冲突。由此，晚近以来，诸多柏克思想的研究者，乃至关于英国此一时期政治思想的研究者，对柏克乃至英国此一时期的这种强调财产权的政治经济学立场给予了极大关注，并作出了独特的批判性解读。就柏克而言，许多研究者基于柏克在一些著作中的政治经济学立场，给他贴上了"自由放任"的标签。

在这一诠释进路里，麦克佛森关于柏克政治经济学思想的解读最

---

① 把柏克视为"自由放任"的经济学家，参见 Donald Patrick Michael Barrington. Edmund Burke as an Economist[J]. *Economica, New Series*, 21 (1954): 252–258; 以及 Frank Petrella, Jr. Edmund Burke: A Liberal Practioner of Political Economy[J]. *Modem Age* 8 (1963–1964): 52–60. 关于柏克与斯密的关系的评论，见 W. L. Dunnes. Adam Smith and Burke: Complementary Contemporaries[J]. *Southern Economic Journal,* 7 (1941): 330–46; and C. R. Fay. The World of Adam Smith[M]. Cambridge: Cambridge University Press, 1950:chap. 1. 将亚当·斯密视为"自由放任"经济学家的情况，参见 Jacob Viner. "Adam Smith and Laissez-Faire, The Long View and the Short: Studies in Economic Theory and Policy [M].Glencoe, Illinois, 1958; Andrew Skinner. Adam Smith and the Role of the State[M]. Glasgow, 1974; Fredrich Hayek. Individualism and Economic Order[M]. London, 1948; and Joseph Cropsey. Politica Economy: An Interpretation of the Principles of Adam Smith The Hague, 1957.

② Peter Stanlis. *Edmund Burke and the Natural Law* [M]. Transaction Publishers, 2003.

③ Clara I. Gandy and Peter J. Stanlis. *Edmund Burke A Bibliography of Secondar Studies to 1982*[M]. New York: Garland Publishing, Inc., 1983: 213.

为典型。在麦克佛森看来，两百年来关于柏克的理解所未能解决的问题是："一个人如何可能同时即是阶层秩序的保护者又是自由市场的鼓吹者呢？"这一问题在麦克佛森看来是理解柏克最为重要的问题，即"柏克问题"。"我以为这个问题超越了几十年前最为大家注意的有关柏克到底是个功利主义者或者是个主张自然法的人物的论辩。"麦克佛森认为，解决这个他所谓的"柏克问题"，必须从柏克的政治经济学家的身份出发。麦克佛森指出："毫无疑问的，在他所有的言行之中，他尊崇传统秩序，但是他的传统秩序早已经是一种资本主义的秩序，他这样子来看传统秩序，并希望这个秩序能更少牵制地成为一个资本主义的秩序。"柏克的这种立场，在麦克佛森看来，在"法国革命论"即有为清晰明白的阐述，到写作《论歉收》与《论弑君之和平》时则较此更为完整。而在这基本相对集中的政治经济学著述中，麦克佛森最为看重《论歉收》，认为它是对柏克政治经济学最完整的表述。麦克佛森一再强调："要了解柏克对实际的与可期望得到的经济秩序所做的资产阶级假设，在他的政治理论中占有怎样的中心地位，首先我们可以看看他对自由市场的明显偏好；然后再检视他那更基本而不经常受到注意的假定——也就是常被他赞美为自然的、必然的和公正的市场，是个特殊的资本主义市场。"具体言之，"他理想的经济是个竞争自我调整的市场经济。这是最有效率的生产制度，也是全国总产量的最公平的分配制度。它乃是宇宙自然秩序中一个不可或缺的部分，他甚至是神所命定的，神意保证了它的必要性与公平性。"但是，"被柏克视为自然的和必要的，誉为有效的和公平的制度，不是个简单的市场经济，……他的制度毋宁是一个特殊的资本主义经济。这个经济制度的驱动力是累积财富的欲望。它的结构是，以资本来雇用靠工资生活的劳工，使得资本家获得利益。这个制度就是柏克认为自然必然而且公平的制度"。① 在引用了《论歉收》中大量论及自由市场、自由竞争的段落以说明柏克对这种资本主义经济秩序的偏爱之后，麦克佛森进一步演绎说："……柏克政治经济学的核心，谈到的是资本积累的必要性——如我们所知，这是他的政治经济学的出发点。……我们从这里触及了柏克政治经济学的核心。累计是必要的，而这只有当人们接受那经常都使他们吃亏的关系时才能达成。这种从属关系，是自然的和习惯的：假使一般平民没有受到人为奸计的迷惑，他们会接受这种关系。接受这种关系是正确的，因为它与永恒公正的最后比例是相一致的。"②

在麦克佛森对柏克进行了"资产阶级政治经济学家"的定位之后，对柏克政治经济学中的自由放任立场这一面的强调几乎成了柏克政治经济学的最为实质的代表。威廉·邓恩（William C.Dunn），埃米特·约翰·休斯（Emmet John Hughes），巴林顿（D. Barrington），弗兰克·彼得拉（Frank Petrella），以及艾萨克·克莱姆尼克（Isaac Kramnick）都是在这一脉络中阐释柏克的经济原则，虽然存在细微的差别以及差别的程度的不同。③ 弗兰克·奥格曼某种意义上也扩展了视柏克传说中的自由放任的经济原则为其政治和社会理论的基础这种解释的范围。因而，在奥格曼看来，柏克"把社会视作一种自律的机制，一种和谐能够在其中最为不平等的关系中发现的整体。社会和谐因而就不是政府干预的产物。它是市场的功能"④。

---

① 麦克佛森. 柏克. 杨肃献译. 台北：联经出版事业公司，1985:59-62.
② 麦克佛森. 柏克. 杨肃献译. 台北：联经出版事业公司，1985:70.
③ William C. Dunn. Adam Smith and Edmund Burke: Complementary Contemporaries[J]. *The Southern Economic Journal* (1940-1941); Emmet John Hughes. The Church and the Liberal Society, Notre Dame: Notre Dame University Press, 1961, Ch. VI; D. Barrington. Edmund Burke as Economist. Econornica, NS XXI, 1954; Frank Petrella. Edmund Burke a Liberal Practitioner of Political Economy[J]. *Modem Age,* Winter, 1%3-64 and The Empirical Basis of Edmund Burke's Classical Economic Liberalism[J]. *Duquesne Review*, 10, 1, 1965; Isaac Kramnick. *The Rage of Edrnund Burke*[M] .New York: Basic Books, 1977: 157-165.
④ Frank O'Gorman. *Edmund Burke: His Political Philosophy* [M].London: George Allen & Unwin, 1973:45-48. 引文见 1973:46.

从麦克佛森的政治学立场来看，其对柏克的解释可以看作是试图把柏克纳入其提出的所谓"财产个人主义"的范畴，一如之前将霍布斯、洛克、哈林顿以及休谟纳入其中的那样。[1] 虽然晚近以来受到诸多质疑，但麦克佛森的这种马克思主义的解释，以及其他追随这种路径的众多研究者，如果单从柏克有关著作中的表述来看，无疑是有其根据的。尤其是，大多数关于柏克经济原则的评论家几乎全部将他们的论据依赖于柏克多少专门与经济理论相关的两篇论述，即 1780 年《关于经济改革的演讲》(the Speech on Economical Reform) 和 1795 年的《关于歉收的思考与分析》(the Thoughts and Details on Scarcity，以下简称《论歉收》)。尤其是后者，同自柏克晚年所撰的"论弑君者之和平书"中摘取的若干引文一道，被用以阐明这种——似乎是无可争议的——柏克经济观念的自由放任性质。大多数《论歉收》的读者得出结论，对柏克政治经济学进行自由放任的解释是不可避免的；它们对自由放任的不折不扣的和激烈的辩护至为明显。诸如"向我们提供必需品并非政府的权力"之类。而且，柏克还毫不犹豫地把劳动力称为"一种和其他商品一样的商品"。它是"一种交易商品……劳动力必须服从所有交易的法律和原则，并不受此外的管制"。柏克进一步写道人们"追求他们的自私的利益，把总体的善与他们自己的个人成功联系在一起"，以及需要抵制屈从于那种认为"向穷人提供上帝暂时不给与他们的必需品……是政府的权力"这种观点的诱惑。对柏克来说，国家应当约束其自身于"其宗教的外部制度，其税入，其军备等真正并恰当的属于公共的一切事务"。[2]

很明显，这些从《论歉收》中摘取的段落直接导向的结论就是，

---

[1] 参见 Donald Winch. The Burke–Smith Problem and Late Eighteenth–Century Political and Economic Thought[J]. *The Historical Journal*. Vol. 23, No. 1, 1985:231–247.

[2] *The Works of the Right Honourable Edrnund Burke*. London: Oxford University Press, 1906–7, Vols.6, pp.30–31.

把柏克视为斯密的传统代表的形象。在他们看来，一旦读过斯密，就不难读懂柏克。例如，埃米特·约翰·休斯（Emmet John Hughes）明显只是依靠《论歉收》作为证据，就得出结论说柏克的哲学"是种简单的天赋自由体系"。如此，在把柏克的政治学和他的经济学视作在总体上是相互关联的前提下，柏克就是位古典自由主义的思想家，赞同古典自由的经济学和政治原则。实际上，这似乎就是奥格曼所描述的柏克建构了"一种不干预的政府哲学"，以及彼得拉所谓的"一种比（柏克的自由）对经济学法则和其政治艺术的实践之间的实际矛盾更为明显"的结论。[①]在解释柏克和斯密之间的关系时，格特鲁德·海默尔法布（Gertrude Himmelfarb）的研究值得注意。海默尔法布把斯密视为一个新的思想流派的奠基人，即："斯密所做的——这是其历史贡献——是将一个次要的异端学说转变为一种新的和有力的正统。"[②]根据海默尔法布，在斯密自己关于这一新理论的阐述中，大都具有积极的内涵，因为他强调社会的渐进改良，认识到社会的益处必须也是占到其大多数的穷人的益处，支持众多的公共举措来帮助不幸者。海默尔法布认为，斯密的信徒却将其理论转而攻击穷人，并且在这些信徒之中，几乎最坏的就是柏克。[③]海默尔法布提出，在《论歉收》中，柏克总体上遵循斯密，但有两处重大的改动。第一，他主张将劳动者纯粹视为同任何其他商品一样可以买卖的一种商品。因此，劳动者不是一个适合政府管理的问题，但必须只能受到市场的支配。甚至在穷人不能靠出卖劳力以获得生活来源的情形下，他们也没有要求公共扶持的权利，只能依赖慈善救济。第二，为了强化第一点，海默尔法布认为，柏克在"劳动者"和"穷人"之间进行了明确区分。在柏克看

① 参见 Rod Preece. The Political Economy of Edmund Burke[J]. *Modern Age*. Vol.24, 1980:266–273.
② Gertrude Himmelfarb. *The Idea of Poverty*[M]. New York: Alfred A. Knopf, 1984: 43, 66–73.
③ Gertrude Himmelfarb. *The Idea of Poverty*[M]. New York: Alfred A. Knopf, 1984: 66.

来，穷人只是那些在任何情况下均不能工作并且只有他们才可以得到慈善救济。在柏克的划分体系中（无论根据"poor"一词的传统意义而言有多么贫困），那些仅仅是不工作的劳动者不该得到任何救助。总之，海默尔法布认为柏克的自由放任要比斯密的更为极端。

四、政府权威及其限度——柏克政治经济学另一维度

在麦克佛森等人看来，鼓吹财产权利以及市场自由的柏克，其政治经济学虽然在其政治哲学中占据重要地位，但究其实质而言不过是资产阶级的政治主张的另一种宣示罢了。然而，果真如此吗？柏克的政治经济学仅仅只是麦氏等人所研究揭示的那种代表了资本主义或者资产阶级的所谓"自由放任"的立场？果真如此，柏克的政治经济学作为自由放任的代表，其立场并无特别的重要性。

但是，当我们深入到柏克所处的时代和环境，深入到柏克诸多政治经济学论著的文本，我们不难发现，麦克佛森等人的观察无疑是过于单一了，或者说在他们这些所谓马克思主义的视角下，柏克的更为丰富的政治经济学内含被他们有意无意所遮蔽了。柏克的政治经济学在主张财产权利重要性之外，还有更为值得重视的另一个维度，即政府权力之维。柏克并非纯粹主张最小政府的自由放任理论家，相反，他十分重视政府权力及其在社会中的作用的发挥。而且通过对柏克政治经济学中这一角度的挖掘，我们还可以发现，柏克的立场并不是仅有的，毋宁是此一时期也就是我所强调的早期现代的转型时期众多思想家例如斯密甚至休谟等人共同的立场，也就是说，在这些早期现代的思想家那里，其政治经济学一直就是一个较为厚重的而不是后来人所理解的薄的或者单一的内涵所能涵盖的内容。这些政治经济学家不仅强调政府权力的限度，而且在此一宪政立场的前提下尤为注重政府

职能的作用，他们所理解并构建的政府，虽然是有限的立宪政府，但同样是积极发挥职能运用政府权威权力的"有为政府"。

既然众多的研究者主要依赖于柏克的《论歉收》以及《关于经济改革的演讲》来得出柏克政治经济学之自由放任属性的结论，我们不妨深入探讨这两个文本的实际内容来逐一细致检讨其语境，进而理解其实际意义。

（一）《论歉收》

将柏克视为自由放任的理论家的看法的两大核心论据之一首先就是其在《论歉收》一书中关于贫困救济的看法。克莱姆尼克声称："目前柏克关于自由放任的国家和经济秩序的资本主义原则的最重要的阐述见之于其 1795 年的《论歉收》。"《论歉收》写于 1795 年，但却是在柏克逝世三年之后的 1800 年出版。根据麦克佛森的说法，该著是受到斯宾汉兰制度的激发。由于贫困和大面积失业，当地的地方官开始根据家庭规模和面包价格向劳动者发放补贴。麦克佛森声称柏克害怕皮特在全国推广类似的制度并写下《论歉收》试图阻止这种做法。在麦克佛森看来，柏克极为恼怒，因为他认为斯宾汉兰的计划是"对市场法则之不自然的和粗暴的干预"，这一法则要求对待劳动力像任何其他商品一样对待并因此接受为供求关系所决定的价格。麦克佛森表示，柏克相信对国家来说试图维持劳动力价格在某一水平上既是危险的也最终是不成功的。[①]

当我们回到《论歉收》的文本，就会看到柏克的核心主题的确是政府在经济危机中帮助穷人的行为是不必要的和不应该的。不必要是因为危机并不是那么严重：自我了解英格兰以来，还从未听闻匮乏……即便现在，我没听说有一个男人、妇女或孩子因为饥饿而死：

---

① 麦克佛森. 柏克. 杨肃献译. 台北：联经出版事业公司，1985:60.

我相信，少数的情形，如果有的话，就是在丰腴之年，这类事件也会偶然出现的。柏克认为，贫困是相对的，而且劳动者在当时的匮乏之年的状况要比之前的好年景要好。代表他们利益的政府行动，在他看来，是不明智的。第一，贫困者之所以贫困，是因为它们数量众多。因此，依靠薪俸的那个阶级被称为富人是极为少数的，如果把他们全部消灭，将他们全年的消费额分配给那些劳动者，而且实际上养活富人和他们自己的人，则每人只能分到一丁点儿面包和奶酪，尚不足一顿晚餐。进一步言之，这也是不公平的，根据柏克，它违背了市场的法则和隐含的经济阶级之间确保农民和中间商他们的公平利益之契约。违背这项契约将是为了其他阶级而对特定阶级的任税。柏克相信，这种行为是尤为不幸的，因为市场的法则不仅仅是人定的，而且反映了一种高级法秩序："我们人民应当想到，上帝若不喜欢去除掉我们所受的或即将面临的灾难，那么我们也不要以为靠违背商业法则——这些法则是自然法则因而也是上帝的律法——就可以转化上帝的心意。"①

　　这样柏克的看法就显得比较刺耳，但柏克不仅表示在通常时期以及通常情况下政府代表穷人对经济的干预是错误的，他进而坚持，即便是在真正的饥馑时期，政府的干预也同样是错误的。如其所言："由此看来，至于维持一位将劳力带入市场的劳动者的生计并非问题所在。唯一的问题是，它对买主有何价值？"那么，就没有任何措施来缓解这一状况吗？柏克建议两个补救措施：一是对穷人来说，答案就是忍耐：忍耐、劳动、节制、节俭和宗教应当推荐给他们，所有其余均属完全的欺骗；二是社会的其他群体应当提供慈善。在柏克看来，"无疑，对穷人的慈善是所有基督徒之一种直接的和必须的责任。"不过，即便如此穷人也无权要求救助。慈善，似乎是选择性的：方式、方法以

---

① *The Works of Edmund Burke* (16 Vols, 1815–1827), Vol.VII, pp.376–377, 404.

及对象的选择，乃至比例应当留给私人衡量，而且也许正由于此它能得到更为令人满意的履行，因为履行这一责任也更为自由。因之，政府强迫慈善，既是违背道德法则，更是支持懒惰而直接课税。如柏克所见，"政府现身与市场的时刻，所有市场的原则都被颠覆了"。

因此，由此似乎就可以看出，《论歉收》的主题就是自由放任，但是，我们需要注意柏克思想本身的复杂性。首先，柏克在强调自由经济法则的同时，也强调审慎地坚持。通观全文，柏克承认他正在研究的问题的复杂性以及需要谨慎和灵活性来继续深入研究。在论及国家权威的恰当限度时，他写道："确定的是，并非这一主题不允许例外——往往都很普遍，有时则偶尔出现。"可以确定，柏克认为贫困救济就是这一情况。如此看来，审慎对柏克而言是更高的价值而自由放任仅仅是其应用到具体情形的结果。而且，这也显示出柏克的立场在其中至少存在某种紧张，因而就绝不能把柏克视为一个自由放任的教条主义者。其次，需注意的是柏克其中对慈善的理解。在一封写给William Windham 的信中，是和《论歉收》同年但却讨论的是另一个问题，柏克认为，"慈善自有其公正，并自有其规则，如同人类交往的其他活动一样。如果我把一栋房屋给穷人居住，则我就没有权利赶他出来除非我是租给他。"在柏克看来，穷人应当受到照顾但他们不能期望这种照顾当作自己的权利。但事实上，只要这个问题不是一个权利的问题，柏克就支持政府行动来帮助穷人。例如，在 1795 年危机时柏克建议国会颁布奖励措施以鼓励谷物进口并鼓励政府派遣船只前往非洲和南美购买谷物以缓解歉收危机。最后，柏克对当时的众多改革者并未过分抨击。对此《论歉收》中最为明显的段落是他对酒类饮料的辩解："在我们道德状况的压力下，所有时代和所有国家的人们均需要通过某些物质的帮助以缓解其道德的抚慰——酒料、啤酒鸦片白兰地或者烟草。"柏克至少从来没有宣称贫穷的生活除了艰难之外就应该一无所有。①

所以，即便是从柏克论述的文本出发，麦克佛森的命题也是有些过于依赖对《论歉收》的单一解释了。事实上，柏克所谈到的所谓自由放任的诸原则被认为是现实的和决定性的，而且总体来看，这一著作也为一种与对其思想更为慎重的看法相一致的解释留下了余地。此外，当我们继而考虑柏克的其他著作，论及穷人和贫困救济，则关于他作为一位自由放任的教条主义者的印象就更加模糊。可以肯定，柏克有时的表述的确显得冷酷无情，如其在写信给约翰·亚历山大·伍德福特（John Alexander Woodford）说道："除了难以给予以使他们变得更加节俭和勤劳的救济之外，他们想要什么救济？"但更为常见的则是柏克表达了他的同情和关切。在其政治生涯之初，他致信给一位爱尔兰的同伴："我看你有一条救济爱尔兰穷人的方法。他们要求面包，而你给他们的不是一块儿石头，而是绞架。"数年之后，在布里斯托里，柏克还为那些由于债务而被投入监狱者辩护："我知道债权必须得到保护，但公平也必须得到维护；对商业而言必需而同时与正义相违背乃是不可能的。"很明显，柏克相信现代商业文明在使欧洲富裕上贡献很大并将贡献更大，但是同样清楚的是，他认为经济价值必须同其他关怀一道得以平衡。詹姆斯·康尼夫（James Conniff）指出，如果从比较的视角而不是孤立地看待柏克的济贫立场，则他实际上是一位处于约瑟夫·汤申和相对而言更为人道的亚当·斯密之间的原型政治经济学家。② 康尼夫强调，不能把对柏克政治经济学的评断集中在他的《论歉收》一书上。最初，此书虽然写于他离世之前，但柏克从未予以发表。而且，柏克自己也说是"仓促之作"，以回应议会

---

① 参见 James Conniff.Burke on Political Economy:The Nature and Extent of State Authority[J]. *The Review of Politics.* Vol.49, No.4, 1987: 501–502.

② James Conniff.Burke on Political Economy: The Nature and Extent of State Authority[J]. *The Review of Politics.* Vol.49, No.4, 1987: 502–503.

中的某些成员，他们似乎认为所有消费品总体上的高价格不太容易说明。柏克在此提出两点，第一，此文明显是迅速为文并未加仔细修订的；第二，它最初的主题并非一般的经济理论或者甚至总体的贫困救济，而是非常狭窄的关于在当下经济危机时期为帮助穷人可以做些什么的问题。的确，柏克在文中所讨论的以及未讨论的问题显示出文章的时局针对性。[1]

（二）《关于经济改革的演讲》

视柏克为自由放任的政治经济学家这种对柏克思想的解释的第二个主要论据在于柏克在 1780 年对经济改革的推动。《关于经济改革的演讲》通常被柏克政治经济学的解释者视为不如《论歉收》那么坚定和极端，但依然被看作是柏克古典自由主义立场的确切证据。例如伊萨克·克莱姆尼克写道："柏克在 1780 年著名的演讲中对下院的发言就像是个冷酷的、核算成本的会计、卓越的经济学家。"克莱姆尼克还认为，柏克"在很多方面都是一位资本主义时代的人物……他部分在国内坚定地与一个资本主义社会的假定和精神联系在一起。部分柏克的著作混同于斯密或者边沁，他著名的《关于经济改革的演讲》就是一个例子"。[2] 的确，克莱姆尼克用这篇演讲（还包括前面所谈到的《论歉收》）来阐明：自由放任的柏克和资产阶级的资本主义的柏克。麦克佛森则更为温和些，虽然承认该演讲与其说涉及政治经济和减少王室开销不如说是摧毁柏克所相信的王权对议会的非法影响，但他仍然认为其纯粹的经济意义在于显示了柏克的思想为资本主义价值所占据的程度。麦克佛森暗示"也许某些最有趣的普遍命题（柏克曾视为自明而顺口提及）表露出在他眼中市场在一定程度上已经成为所有价

① 参见 James Conniff.Burke on Political Economy:The Nature and Extent of State Authority[J]. *The Review of Politics*. Vol.49, No.4, 1987: 503–504.

② Isaac Kramnick. Rage of Edmund Burke, The Rage of Edmund Burke[M]. New York: Basic Books, 1977: 161.

值的决定者，也表露了他自由放任政策所根据的一项假定已经被他接受"。但是无论我们是接受克莱姆尼克的看法，还是同意麦克佛森的看法，视柏克为资本主义的代言人，结论都是一样约，《关于经济改革的演讲》证明，柏克希望尽可能地限制政府的角色。

首先，必须注意，这也是麦克佛森承认的，该演讲虽然冠以"经济改革"的标题，实际上根本不是关于经济的。柏克十分令人注意的是他提出了两点立法理由。第一，他希望回应公众关于改革的呼声："必须从人民的需要出发，他们的期待，当他们不能影响正义与理性之稳固的和外部的规则时，（在我们和他们之上的规则），应当被视为下院的法律。"第二，通过这一改革，他希望能够清除正在被用于腐化议会或投票者的政府基金。在解释他的计划的挫折之时，柏克在一封信中写道："我所提出的目标，是彻底的，系统的节约；一项预防计划；确立秩序和责任；根除以总体的和秘密的服务为名的腐败；王权影响的永久削减……而不是削减几个职位和几份年金。"考察演讲本身显示，柏克并不想改变政府的范畴，改革其基本功能，为个人财产权辩护，或者甚至让政府变得尽可能不花钱，"花费和巨额的花费乃是真正的经济的必要组成部分"。柏克是要让政府的权威和经费对于其职责而言是必要的，同时确保人民能够在公平享受其服务对不多花一分钱。柏克坚持，其座右铭就是制度和正义。诺德·普瑞斯（Rod Preece）甚至表示："我虽已尽力，但不能发现一段甚至一句，在《关于经济改革的演讲》中，关于自由放任和国家远离经济干预的暗示。事实上，柏克的论述是国家干预以保障经济和效率的重要尺度之一。"[1]

柏克告诉我们，其经济改革的目的在于"祛除任何更有利于压制和花费而非公正或诚实的政策的目的根据；废止更为浪费而非有用的

---

① Rod Preece.The Political Economy of Edmund Burke[J]. *Modern Age*. Vol.24, 1980:269.

职位；整合被不恰当地分割的指责；改革更为繁琐而不是产生现金的收益；压缩不经济的机构；砍掉暗中的财政支出"。的确，其旨在于合理化、效率和公正而非国家权力的撤退。不是留待"看不见的手"，矫正无能的任务乃是国家的职责所在。的确，经济改革的演讲中所提到的事例，其中政府的控制要变得更有效率。因此，我们被告知改革是必要的，因为第一财政大臣从来"没能做过调查，或者哪怕是做个可以容许的猜测，对政府每年的花费，为了使他能够在处理国务时有其方向而提供最低限度的确定性或者甚至是可能性"。而且，柏克声明其政策"没有削弱政府必要的功能，而是相反，通过恰当提供服务，使其更具活力"。改革是为了"重建议会的独立性"，而不是使政府最小化。

柏克十分清楚，他不是以所有其他的考虑为代价来考虑"经济"问题。我们不应该将柏克看作主张公共利益的和谐出自于私人利益的那种最小政府的理念。相反，"法律，只有根据共同体的利益而制定，其任何部分均不能抗拒包含着公共利益之目标的需要。……如果可能，调和我们的经济与我们的法律要比使它们相冲突要好——这是最终会对它们均为有害的冲突"①。确定的是，经济法则也许不可改变，但政府有责任基于公共利益而加以干预，在经济法则允许的那种干预以达到其意欲的目的。当然，柏克承认"人们追求他们的自我私利，把普遍的福利和他们自己个人的成功联系在一起"，并意识到"防止大多数的罪恶是政府的权力"，即是"它所能起到的好处很少"，柏克还一直提到他在法国革命论中所称的"无知与无能的专制的好心"。②干预很可能被过于乐观的理性主义者在干预没有价值甚至相当有害的时候

① *The Works of the Right Honourable Edrnund Burke*[M]. London:Oxford University Press, 1906–1907, 6 Vols, Vol.2, p.357.

② The Works of the Right Honourable Edrnund Burke[M]. London:Oxford University Press, 1906–1907, 6 Vols, Vol.2, p.357.

读德蒙·柏克与英国宪政转型

采用。因此，柏克指出，我们必须"知道一项罪恶应该被容忍到什么程度，以免经过不切实际的尝试后"我们只是在导致新的腐败上取得了成功。原则上政府的干预不应该被否定。当然，政府只在情势有助于其发挥作用时才被建议行动。

所以，尽管柏克偶尔对"骑士的时代"有所怀念，但也不是重商主义之友，并认识到自由贸易的好处。在《关于经济改革的演讲》中，没有什么能够使我们把柏克归于自由放任——如果这意味着国家不应该在经济事务中发挥作用的话——的信徒之列。柏克的目标是提供具有合理价格的有效的和有序的政府，而且他的经济思想远比人们所想象的更为谨慎的和具有弹性。柏克提出的改革方式大致有三。首先，为确保政府的有效和明智，柏克建议吸纳有才之士，拒绝当时一种老生常谈的改革："我认为国家的高效机构并非代价过高。公共服务不是用来拍卖并交给一致同意由价格最低的来履行的事物。"柏克主张，在商业社会，我们不能依赖美德来为国家服务，相反"荣誉和公平的待遇是对付贪婪和掠夺最好的安全措施；一如在其他事物中，合法的和受到约束的享乐乃是堕落和不加节制最好的安全措施"。柏克的第二个措施是对理性和秩序的强调。例如，柏克注意到英国不是一种标准的君主制，而是一种五头政体，因为王权已经被分为五个独立和至上的主权部分，柏克并没有简单地建议废除这些主权设置。而是，将其与王权连接在一起，使其合理化，并对那些丧失职位者在改革中予以补偿。柏克的第三个途径，的确是降低费用。尽管王室经费被改革并被削减，但重要的是未被取消。[①]

总之，柏克《关于经济改革的演讲》，既不是基于市场价值亦非基

① E. A. Reitan. The Civil List in Eighteenth-Century British Politics: Parliamentary Supremacy versus the Independence of the Crown[J]. *The Historical Journal*. Vol. 9, No. 3, 1966:318–337; Ian R. Christie. Economical Reform and 'The Influence of the Crown', 1780[J]. *Cambridge Historical Journal*. Vol. 12, No. 2, 1956: 144–154.

于其特征上的强迫性。事实上，一个麦克佛森自己的例子，也没有真正的支持他的论点。考虑到这一演讲的文本，它显示柏克并不是一位资本主义者，而是效率和理性的信仰者。对柏克来说有意义的是"公平"这个词。柏克并没有因为合同的低价就赞同合同而是因为它的效率和公平。柏克寻求的是以实际效率和经济来综合道德的和政治的一般原则。因此，他的计划是明智的、温和的、平衡的，以及宽容的。其目的在于实际的应用和赢得议会内外的支持。一句话，这是一位有原则但立足现实的政治家而非一位狂热的教条主义者的工作。①

因而，当我们超越《论歉收》以及《关于经济改革的演讲》的表面信息，深入到柏克更具代表性的著作，那么我们能够发现一个完全不同于所谓的自由放任叙事的柏克形象。相反，柏克对政治经济学的思考，在财产权及其保障之外，还有一个内涵丰富的政府权力向度。这一关于政府权力的理性态度，可以说是其政治经济学的有机的组成部分。柏克并不是没有原则地鼓吹最小的政府，他在认识到政府权力的边界和限度的同时，也指出了政府权力应有的积极意义和作用。在《致某贵族书》中，柏克提到他推进本王国之商业制造业以及农业的政府经验。而这种经济学的推动是以政治目的为导向的。"在我的计划中，经济学是，它也应该是，第二位的，从属性的，非工具性的。我基于国家的原则而行动。"② 事实上，虽然在关于饥荒时期人为改善穷人的条件上柏克是在自由放任的脉络中写作，但他依然主张政府干预印度经济改革、航海条例的执行、政府职位的重组以及其他众多事例。我们不应该想象柏克主张穷人必然以及在任何情势下只能自食其力。在《法国革命论》中，柏克使我们确信，这是"政府的目标，确保弱

---

① Dennis Stephen Klinge. Edmund Burke, Economical Reform, and the Board of Trade, 1777–1780[J]. *The Journal of Modern History*. Vol. 51, No. 3, On Demand Supplement. 1979:D1185–D1200.

② *The Works of the Right Honourable Edrnund Burke*[M]. London:Oxford University Press, 1906–1907, 6 Vols, Vol. 6, p. 45.

者不被强者压垮"①。社会往往都包含着"由利益的多样性——它们在所有的复杂社会中都必然存在并必然冲突——所导致的冲突"②。消除那种冲突并不是政府的责任。但是依靠明智和审慎的行动它可以管理社会，在冲突导致公共福利之时——例如"消费和生产的平衡产生价格"③不予干预，以及在公共福利在冲突中在某一方面受到阻碍而在其他方面得到弥补之时进行干预。柏克告诉我们，"没有什么比一个虚弱的政府更能被证明是如此难以忍受和不正义了"④。对柏克来说，经济学的实质用我们前面所引用的《致某贵族》书中的话来总结就是："经济学是一种分配的美德，并不是由节省而是选择所构成的。节俭并不要求审慎，不要求远见，不要求综合的权力，没有比较，没有判断。"弱政府不能提供利用那些是好政府的突出特征的远见、判断和区别的机会。

总之，《论歉收》也好，《关于经济改革的演讲》也罢，其中存在明显的无可争议的证据，但柏克肯定不是一位自由放任的理论家，毋宁是一位区别对待的干预主义者。理解柏克的经济学我们需要应用同样的批判性标准于古典自由主义的经济理论，而当我们恰当地应用古典自由主义的政治理论来理解其政治原则时，柏克接近于古典自由主义的经济学和古典自由主义的政治立场，但是是从一种更为强调责任、荣誉、美德以及传统而非纯粹的古典自由主义的批评性视角。

（三）柏克及其"废奴法案"

从以上对《论歉收》以及《关于经济改革的演讲》的更为细致的

---

① *The Works of the Right Honourable Edrnund Burke*[M]. London:Oxford University Press, 1906–1907, 6 Vols, Vol.4, p. 197.

② *The Works of the Right Honourable Edrnund Burke*[M]. London:Oxford University Press, 1906–1907, 6 Vols, Vol.4, p. 204.

③ *The Works of the Right Honourable Edrnund Burke*[M]. London:Oxford University Press, 1906–1907, 6 Vols, Vol.6, p. 18.

④ *The Works of the Right Honourable Edrnund Burke*[M]. London:Oxford University Press, 1906–1907, 6 Vols, Vol.4, p. 255.

分析已经显示，柏克的所谓自由放任形象事实上难以立足，因为他同时还持有一种远非自由放任所能涵盖的政府权力之维。事实上，柏克不仅仅在他的许多著述中表明了他的这种立场，而且在政治实践中，据此来参与到实际的决策过程。其中，柏克提出的"废奴法案"就是一例。柏克建议立法提高西印度群岛的奴隶待遇并为逐步解放、废除奴隶贸易做好准备，这显示柏克的原则实际上引导他为某些社会和经济问题中广泛的和积极的政府行为辩护。①

按照康尼夫的说法，柏克对种族和文化问题的兴趣早有发展，在其《英人殖民美洲之观察》一文中，就美洲印第安人和欧洲文化发展的早期阶段作了比较。柏克写道："任何关注今日美洲人者，不仅是研究一个悠久的当下民族的礼仪，在某种程度上，而且是研究，所有民族的古典时代。"在该著作中，柏克主张西印度群岛的奴隶的共同的人性使得他们有资格获得较之于当下所受待遇的更好的关怀："我知道他们大部分冥顽不化，并必须受到棍棒和铁条的统治。我是希望他们得到统治，但不是为之所灭绝。我要使人道得到施展，这也和稳定不悖。"柏克进而建议，由于奴隶同自由人相比是效率更为底下的工人，只是因为他们在工作中没有利益或获益。柏克表示，如果自由人比奴隶工作用心，而且英格兰的法律毕竟"热爱自由"，那么为什么不解放奴隶呢？② 1780 年左右柏克草拟了一部"黑奴法案"以管理奴隶贸易直至其最终获得完全解放。这部草案的序文把他的意图说得很清楚："考虑到终结所有人类成员的贸易以及使这些人员保持在奴役状态的拘禁，这对于真正的宗教和道德原则以及明智的政策规则而言，均属有利和一致，一旦在如此长久以来的实践的突然变化中同样的方式得以

---

① 参见 James Conniff.Burke on Political Economy:The Nature and Extent of State Authority[J]. *The Review of Politics*. Vol.49, No.4, 1987:507–509.

② 参见 James Conniff.Burke on Political Economy:The Nature and Extent of State Authority[J]. *The Review of Politics*. Vol.49, No.4, 1987:507.

执行而不产生巨大的不便。"具体有三点值得注意。首先，柏克的目的是道德的而非经济的，他不是建议创造劳动力而是解放人；第二，该法案只是一种临时的措施，最终目标是完全涤除奴隶贸易的罪恶；第三，为实现这一最终目标，就要广泛运用政府权力。该法案为检查涉及奴隶贸易的船只提供根据：他们必须得到政府官员的许可，他们要根据船只空间的大小控制奴隶数量，而且还要提供适当的食物、训练以及医疗。同样，该法案限定奴隶贸易在非洲指定的港口，并受到政府官员的检查。要为奴隶建设教堂、学校和医院。而且，奴隶不得有超过三十五岁的、怀孕的、识字的、虚弱的或属于任何其他人道主义范畴，如果违法销售，则要遭返原地。但另一套管理规则涉及实际的奴隶运输：例如要被提供娱乐的乐器和看护的黑人自由人。最后，柏克还提出一系列奴隶一旦抵达印度斤的管理规则。一位检察官和若干检查员要关注奴隶的宗教需求，登记其出生，为他们的子女提供学校，鼓励他们结婚，保持其家庭完整，并甚至审查他们最终赎回自由身。[①]

不过，柏克的奴隶贸易法案在当时并没有任何结果，但柏克在此后数年内一再涉及这一问题，并且的确是基于此进而支持完全废除奴隶。在送给废奴运动的领袖亨利·邓达斯（Henry Dundas）一份法案复件附带的信中，柏克表示："如果非洲人贸易能够从其本身并作为一个单一的目标来考虑，我想彻底地加以全部废止，要比任何管理和改革更为明智。不是为了在实际上继续存在中受难，我强烈希望终结它。"柏克信件寄出两周之后，邓达斯向下院提出了一个在一段时期的管制之后废止奴隶贸易的方案，下院 1796 年投票终止奴隶贸易但上院拒绝同意通过任何废奴计划。1796 年 4 月，菲利普·弗朗西斯

---

① 参见 James Conniff.Burke on Political Economy:The Nature and Extent of State Authority[J]. *The Review of Politics*. Vol.49, No.4, 1987:508.

（Philip Francis）动议管理并提高西印度群岛的奴隶生活条件。柏克当时已退出国会，仍然致信威廉·温德汉（William Windham）要求送一份黑奴法案的复件给弗朗西斯。柏克告诉温德汉，因为弗朗西斯"只有一个信念：那的确与我完全一致——这是送给黑奴的财产。但是由于没有任何实施和支持它的计划，我提醒他注意你手头的这份草案"。甚至在去世之后，柏克的法案依然在影响废奴运动。柏克的法案在1802年坎宁（Canning）终结奴隶贸易的努力中得以再次激活，并被作为威廉·威伯福斯晚至1822年的解放奴隶法案的基本框架。康尼夫指出，柏克在推动废奴贸易的过程中，所依赖的正是积极而广泛地运用国家权力的道路。柏克相信，目的正当的权力必须充分有力。在奴隶贸易问题上，它的废除，对于证明十分广泛的政府管理措施的合理是极其重要的。①

五、早期现代政治经济学的"国家主题"

笔者在此之所以特别在介绍其政治经济学的财产权内容之外，用大量文字来展示其中的重视"政府"权力行使的内容，不仅仅是完整展现柏克政治经济学面貌，更为重要的毋宁是，柏克的政治经济学中的这两大中心内容，正是早期现代的政治经济学参与到英国政制转型的典范。这种同时既注重有限政府即保障财产权利又同时高效行政的政府正是宪制政府的精义所在。在柏克的政治经济学中，政府固然是有限的，不可逾越保障财产权以外的禁区，但是在政府的合法权限范围之内，政府则是强有力的。一言以蔽之，政府是有限的，但有限并不是虚弱，更不是无政府，而是有限基础上的强大政府，高效政府。

① 参见 James Conniff.Burke on Political Economy:The Nature and Extent of State Authority[J]. *The Review of Politics.* Vol.49, No.4, 1987:509.

事实上，在柏克同时代的这些早期现代的政治思想家当中，我们都可以明显地看到类似的关于政府权限的理解，我们可以称之为宪制的政府主题。之所以特别指出这个宪制的政府主题，乃是在现代自由主义的理论范畴之内，这个政府的主题被有意无意地忽略了、遮蔽了。而在早期现代的宪政建构和转型中，对这一主题的阐释同样是众多思想家政治哲学的必要组成部分之一。"在霍布斯、洛克、布兰克斯通、亚当·斯密等早期个人主义者和自由主义者的著作中，现代国家却是他们构筑理论体系的基本前提。"[①] 霍布斯与自由主义的关系当然可以继续争辩，柏克本人的著作以及思想内容也没有形成一个类似于斯密以及休谟等人的系统，但是他们之间存在一个共同点，或者说这些早期现代的思想家们存在一个共同点就是在重视个人自由保护的同时，也高度关注现代国家问题或政府问题，并在其中对于政府的权力和权威予以充分强调。

当然，在西方现代自由主义那里，这一国家主题被忽略乃至隐蔽起来无疑有其原因。这是因为经历了将近二三百年的演进，早期现代思想家所阐发的自由主义精义均已得到落实。在这些国家中，它们不仅形成了保障个人自由和财产的宪政框架，而且也就政府权威的恰当运用以及限度存在高度共识。李强指出："以英国为例，与欧洲其他国家相比，英国不但较早完成了现代国家的构建任务，而且无论自由主义、保守主义还是社会主义等思潮无一例外都将现代国家的存在视为理所当然。在国家对外维护安全对内提供司法保障这一点上，自由主义及其批评者并无明显不同，不同政治立场的政治家对这些问题基本没有争论。大家在争论经济政策与社会政策时，都有一个暗含的共识，

---

① 李强.宪政自由主义与国家构建.载宪政主义与现代国家（公共论丛第七辑）[M].北京：生活·读书·新知三联书店，2003:24.

即国家必须履行对外保护安全和对内提供司法保障的职能。"[1]

指出这个政治经济学中的政府主题，对于中国当代的国家宪制的构建和转型而言尤其重要。限于篇幅和主题，我无法在此详加阐述。但是我想指出的是，理解这一主题是足以澄清关于古典自由主义的丰富内涵的误解。在一般人的理解中，"自由主义的倡导者和批评者通常都强调自由主义对国家的恐惧，把个人权利和国家权力之间的关系视为一种此消彼长的零和游戏"。但实际上，自由主义的隐蔽的国家主题高度强调国家或者政府的重要性。自由主义在主张限制国家权力以保护个人自由和财产的同时，"强调市场经济和市民社会需要一个有效的现代国家，强调国家在提供公共品与保障一定程度的社会正义中的积极作用，强调国家在国际交往中保护本民族利益的重要作用"[2]。所以在柏克的政治经济学中，以及其他早期现代思想家的理论体系中，我们均可以发现这一对政府的重要性的关注和强调，事实上就不是偶然的了。

一百七十年来，国家构建一直是现代中国不变的主题，建设一个强大的国家正是这一构建的中心目标，但是何为强国？如何建设一个强国？如果我们不能认识到自由主义的国家主题，继续认为自由主义和国家构建之间存在不可调和的紧张，事实上也就无法找到国家构建的正道所在。正如我们的分析所显示的，自由主义本身恰恰蕴藏着丰富的国家建构资源。自由主义并不排斥国家的构建。相反，自由主义恰恰在一种看似悖论的意义上来为国家构建的可持续性提供最为强大的合法性支撑。斯蒂文·霍尔姆斯写道："有限政府也许会比无限政府更强有力。制约可能是力量的渊源，这并非自相矛盾，而是一种充满

---

① 李强. 宪政自由主义与国家构建. 载宪政主义与现代国家（公共论丛第七辑）[M]. 北京：生活·读书·新知三联书店，2003:29-30.

② 同上，2003:22-23.

悖论的洞见。这一见解是自由主义宪政的核心。经常有这样的时候，人们对民主政府无力解决国内或国际的重大问题而沮丧，批评者倾向于将自由主义的制度诸如分权制度视为阻碍问题的过时制度。但是责备自由主义导致政治无能是一种缺乏历史感的表现。一部自由主义宪法通过限制政府官员的专断权力，可能在适当条件下增加国家解决特定问题以及为了共同目标而动员集体资源的能力。"①

　　某种意义上，柏克等人所揭示出来的政治经济学内涵，是早前现代时期英国成长的一个缩影。这并不是说他们的思考已经完美无缺，而是说在回应现代国家构建任务之际的理性努力深具启示意义。毫不夸张地说，没有现代英国政治经济学的贡献，英国能否在 18、19 世纪完成其工业化任务，进而成就其日不落的帝国霸权，实属疑问。作为支撑该时期帝国成长的重要思想资源，柏克的政治经济学的丰富内涵应当引起所有依然前进在现代国家构建任务道路上的国家的重视。

---

① 斯蒂文·霍尔姆斯. 激情与制约：论自由主义民主理论 [M]. 转引自李强. 宪政自由主义与国家构建 [J]. 载宪政主义与现代国家（公共论丛第七辑）[M]. 北京：生活·读书·新知三联书店，2003:39.

第六章
传统、平衡与自由——柏克论英国宪法

> 一个被奴役的民族的习惯就是他们奴隶生活的一部分。一个
> 自由民族的习惯就是他们的自由的一部分。
>
> ——孟德斯鸠:《论法的精神》

从柏克关于政党、政治经济学以及帝国问题的思考中,我们已经可以觉察到其中的宪法关切,也就是说,柏克所思考的这些问题实际上都是涉及英国宪制的基本问题,或者更为确切地说,是"光荣革命"之后的 18 世纪后期转型之中的英国宪制所面临的问题。在《自然正义与历史》中,斯特劳斯曾提出一个颇为有趣的看法,即柏克的"政治活动确乎是由他对英国宪制的忠心耿耿所指引着,但是,他是由类似于西塞罗之看待罗马政体的精神来看待英国宪制的","柏克的政治理论就是(或者说倾向于成为)一种有关英国宪法的理论"。[①] 在我看来,无论对斯特劳斯发掘西方古典思想资源的"文本进路"和价值取向存在何种分歧,但他将柏克政治思考的中心定位于英国宪法,却是十分富有启发性的"洞见"。如果柏克的政治思考的核心指向的是一种宪法理论,那么这种宪法理论是如何发展的、渊源如何、其基本内容为何,特别是其在早期现代(early modern)英国政制发展、成熟过程中具有何种意义,就是我们讨论柏克所不得不着重探讨的方向。在笔

---

① 列奥·斯特劳斯. 自然正义与历史 [M]. 彭刚译. 北京: 生活·读书·新知三联书店,
2006:301, 326.

者看来，柏克宪法理论的形成是随着其参与英国实际政治的程度的深入而存在一定的阶段性，虽然孟德斯鸠对英国宪法的观察与评论被视为18世纪关于英国宪法的权威解释，柏克对英国宪法之性质和运作机制的看法也的确受到了孟氏的启发，但其之于英国宪法的立场和理解却源自于其对实际英国政治的参与；究其实质内容而论，对传统、权力平衡以及自由的强调乃是其最为值得注意的特征。概而言之，在柏克的宪法思考中，传统不仅仅是宪法演进的客观线索，更是宪法的合法性来源，这集中体现在他的"古宪法"思想中；权力的平衡则是宪法的基本架构，自由则是宪法的目的所在。传统、平衡以及自由共同构成了柏克宪法思想的基本内容。而且，从早期现代的思想史视角来看待柏克的宪法思想的内容的宪法意义，在我看来，柏克秉持的实际上是一种具有"革命的反革命"性质的宪法学立场。

一、柏克英国宪法理论的形成与发展

从柏克的政治生涯来看，柏克之于英国宪法的思考大致分为如下几个阶段，且主题各有所重，但皆是着眼于宪法政治层面的思考。

首先是1765—1770年，这是自第一任罗金汉姆内阁时期至柏克发表《论当前不满原因之根源》。1765年7月，柏克开始成为罗金汉姆侯爵的私人秘书，同年12月即出任温多弗市的下院代表。这标志着柏克事业的转折点，开始成为面对实际政治问题的政治家（或者说政客），而不再是此前的文人（man of letter）。在这一时期内，虽然柏克首先遭遇的问题就是美洲问题——《印花税法案》的存废，但此一时期美洲问题还未成为英国政治的中心问题，虽然重要性日后日益凸显。罗金汉姆党人此一时期内所面对的最重要的问题实际上还是宪法问题。柏克关于宪法问题的讨论散见于其演讲和一系列政论性的小册子之中，其中最为重要的就是 1770 年发表的《论当前不满原因之根源》一文。关于此文的背景我们已经在前文（第一章）有过叙述，此处不赘。但是需要指出的是，这一时期的政治背景突出的是国王的行政权力和议会的立法权力之间的界限这一宪法问题。当然，在柏克的笔下，乔治三世是一位试图颠覆宪法并实施个人统治的君主，这虽然不免夸张，但柏克的意图显然不是在于个人攻击，而是集中于诊断宪法周围的弊病，即为国王所直接控制的王室职位"影响"或者"腐败"议会所带来的宪政危险。可以理解的是，柏克试图显示只有罗金汉姆党人拥有真正的宪法原则。柏克并不否认国王的宪法权利，而是提出国王所支持的"双重内阁体制"违背了宪法精神。也就是说，虽然在理论上国王享有选择其内阁大臣的自由，但在实际上是有限的。不但王权如此，在王权的影响下，议会作为立法权的代表也开始堕落腐败。典型的例证即是在"威尔克斯事件"中议会的作为。柏克认为议会显然已经越出了其作为立法机关的权力界限，开始行使其司法权力。由于议会正在受到行政权力的操控，因而这就十分接近于孟德斯鸠所谓的当国家的三种权力合并为一之时"一切都完了"的境地。也就是说，柏克的立论基于权力分立，而他所看到的政治现实却与之背道而驰。柏克的补救之道在于政党——由一批绅士或大人物所组成，不具有现代意义的政党组织和纪律，也不是基于广泛的选举，但目的在于限制王权，即祛除其行政权力并交由议会掌控。

其次是美洲革命时期。我们在前面曾提到早在 1757 年柏克即与威廉·柏克合作撰写过《欧洲殖民美洲述论》（*An Account of the European Settlements in America*），不过这虽然显示柏克在此时对美洲殖民地有其兴趣并对其历史略有所知，但该著只是历史性的和描述性的，并没有太多的政治立场。事实上，柏克之卷入英国的美洲事务是在其担任罗金汉姆私人秘书之后的事。当时，由于格伦威尔内阁时期通过的《印花税法案》及其他针对殖民地的限制措施激起了美洲的普遍不满情绪和反抗。短暂的罗金汉姆内阁任期内，美洲事务的处理几乎是其最为重要的任务，柏克亦藉由对美洲事务的了解而在下院声名鹊起。罗金汉姆内阁倒台后，特别是随着 1767 年《汤申法案》的通过，美洲事务再次变得紧迫和重要，而政府的众多因应举措则成为在野反对派的抨击目标。不过，一方面是由于反对派之间的分裂，另一方面也是由于对美洲殖民地反抗政府之激进的政治要求的厌恶，使得包括柏克在内的罗金汉姆党人在美洲局势的最初发展中并未从宪法秩序或宪法政治的高度来认识美洲问题，当然也就谈不上去认同美洲殖民地的"革命大业"。美国历史学家 Ross Hoffman 通过对柏克 1770—1775 年之间关于美洲事务的关注后认为："在柏克身上没有迹象表明对亲美主义（pro-Americanism）的感伤，而且他对政府管理殖民地的不当举措的愤怒一般都是警告多于对殖民地不幸的同情。"[1] 霍夫曼考察的时期主要是在战争爆发之前，不过柏克的通信显示，自 1775 年之后，柏克的情感已经完全是站在殖民地人民一边了。[2] 可以说，自 1774 年诺斯政府通过《强制法案》（Coercive Acts）决定对美洲殖民地采取强硬立场之后，罗金汉姆党人开始试图提出严肃的美洲政策，柏克亦相继发表《论课税于美洲的演讲》、《论与美洲的和解的演讲》，强调罗金汉姆党的美洲政策之明智、一贯。需要指出的是，柏克在关于美洲事务的著述之中着重从宪法的视角来考虑帝国的治理以及与殖民地的关系问题。约略言之，即理论上承认大英帝国之主权，而实际上则赋予殖民地或多或少的其所要求的自主权，当然除了独立之外。

---

[1] Ross J. S. Hoffman. *Edmund Burke, New York Agent: With His Letters to the New York Assembly and Intimate Correspondence with Charles O'Hara, 1761-1776*[M]. Philadelphia: American Philosophical Society, 1956:181.

[2] Conor Cruise O'Brien. *The Great Melody: A Thematic Biography of Edmund Burke*[M]. London:Sinclair-Stevenson, 1992:149-171, 202-234. 根据奥布莱恩的说法，霍夫曼的著作出版之际，柏克通信录的现代版本尚未问世，所以霍夫曼得出的结论值得商榷。

霍夫曼认为，柏克的和解立场是手段而非目的，即一种维持大英帝国之北美属地的手段。帝国的安定和繁荣是其美洲事务的目标，而非着眼于"自然正义"[1]。但是，我们从柏克的演讲以及通信之中可以明显看出，其兴趣并非仅仅在于维持帝国的存在，亦在于殖民地之利益，殖民地利益和帝国利益之调和。帝国的安定与繁荣自然重要，但柏克认识到这一安定和繁荣的基础却在于"自由"——即宪法。在柏克看来，英国宪法推己及人，扩展至其疆域之全部，才是帝国利益之根本所在。随着美洲局势的发展，罗金汉姆党人开始要求承认美洲独立，认为通过君主的帝国联系——作为解决美洲问题的一个方案，由于实际上会增加王权的影响，将会构成对宪法的威胁。所以美洲问题因而牵涉的实际上是更为重要的宪法论辩，一是帝国内部的政治关系问题，这主要体现在柏克论述帝国的文字；二是帝国的治理之于"内政"或宪法的影响。

美洲独立之后至法国革命之前。此一时期柏克关注的焦点在于帝国的印度问题。自柏克的议会政治生涯开始直至结束，柏克对印度事务的关注可以说是持续了将近三十年之久。在其进入议会之初，国家与东印度公司之间的关系需要修正日渐凸显。第一任罗金汉姆内阁时期，印度问题并没有引起注意，但在继其之后的皮特内阁得到关注。[2]此任内阁期间内通过的法案赋予政府更大的权力介入该公司的事务并分享其收益。罗金汉姆党人基于国家不应该侵犯该公司的特许权而反对这些措施。1772—1773 年间，东印度公司与国家的关系问题再次成为主要的政治问题。国会在 1772 年设立了两个委员会来调查所谓的腐败

① Ross J. S. Hoffman. *Edmund Burke, New York Agent New York Agent: With His Letters to the New York Assembly and Intimate Correspondence with Charles O'Hara, 1761-1776*[M]. Philadelphia : American Philosophical Society, 1956:73.

② L.S.Sutherland. *The East India Company in Eighteenth Century Politics*[M]. Oxford: Oxford University Press, 1952;C.P.Courtney. *Montesquieu and Burke*[M]. Oxford :Basil Blackwell, 1963:127.

问题，诺斯政府 1773 年通过的《管理法案》则赋予政府对东印度公司更多的控制权。当时罗金汉姆党人的担心在于，政府的印度政策将会进一步增强王权的控制力量；而且有一种人道主义的关怀，因为当时普遍认为印度土著居民正在经历帝国滥权统治的苦难。但是由于美洲事务的缘故，印度问题此时尚未成为罗金汉姆党人以及柏克主要的关注点。随着诺斯政府美洲政策的失败，各反对派开始利用政府在印度问题上的弱点。1780 年 3 月，东印度公司特许章程即将到期，诺斯政府希望其解体，但遭到强烈反对，尤其是福克斯与柏克等不乐见于该公司落入政府之手。结果是政府许可该公司延续。但东印度公司的统治此时已经成为一个公开的丑闻。1781 年，议会设立了两个调查委员会。斯密斯将军领导、柏克为其成员的一个特别委员会就英国在孟加拉（Bengal）、比哈尔（Bihar）、奥里萨（Orissa）的管理状况以及帝国在印度的统治问题展开调查，到 1783 年先后提出了十一次报告，其中第九次和第十一次是柏克亲自撰写。可以说，此一时期柏克才开始将印度问题作为一个严肃的帝国问题来看待。其中一个标志性事件是福克斯在 1783 年 11 月提出的《东印度公司法案》，受其启发柏克乃发表著名的《关于福克斯之东印度公司法案的演讲》。柏克在当年 12 月 1日的这一演讲可以说是其在 18 世纪对印度问题的主要贡献。此前柏克反对政府干预东印度公司事务是基于该公司的特许权不容侵犯。福克斯法案的反对者即利用这一点为根据。但在柏克看来，这显然是混淆了神圣的人权和东印度公司的特许权。东印度公司经由特许授权，享有其垄断权力，但这与《大宪章》中确立的权利毫无关系。特许章程确立的权利和特权，与授予其权利的议会之间是一种信托关系，应该对其负责。柏克认为东印度公司滥用了这种信托，因此违背了与国会的契约。因此，国会修正其与东印度公司的关系就是正当的。柏克此后的相关调查尤其注意印度的人口，由不同的秩序和阶级构成，由于不同的宗教、习俗和世系职业而更为复杂。基于此，柏克对东印度公司的政治和商业政策提出了严厉批评。柏克的基本主张是统治者必须努力使其臣民幸福，这只能通过尊重其传统和习俗才能实现。福克斯法案失败以及联合政府的倒台之后，印度事务成为柏克的主要工作，一直到法国革命之前，始终是其演讲的主题，其中最为引人注目的当然还是对哈斯廷斯的弹劾案。弹劾哈斯廷斯一案，从 1788 年正式启动，到 1795 年结束，前后长达十数年之久。一如他在 1788 年 2 月 15 日的审判演讲中所指出的，他主要关心的乃是统治者之于印度人民的责任问题，而非仅在于哈斯廷斯的有罪无罪与否，相反却是"数百万人民应该受苦还是幸福"。柏克表示，其他国家的宪法旨在制造"顺民"，英国的宪法则关心"良好的统治者"。

较之于抽象的理论问题，柏克在 1765 年至 1789 年间可以说是更为关注实际政治问题。不过，柏克之被称为政治哲学家，就严格意义而言，是要到其撰写关于法国革命的著述之后的。不过，柏克论述法国革命的著作，在某种意义上似乎类似于早年的文学和哲学著述，但是应当指出的是，与其说柏克是在继续其早年的理论兴趣，不如说是直接源出于其作为罗金汉姆党人实际的政治实践。我们在前面业已指出"威尔克斯事件"的爆发，引出的是 18 世纪后期英国激进政治之一脉，基本主张就是扩大选举权，实施议会改革。但 18 世纪依然是一个贵族的世纪，平民政治的时代尚未来临；罗金汉姆党是一个贵族集团，并不热心于激进派们所极力主张的议会改革。因而柏克的任务实际就是将这种反激进的政治立场加以系统化，并反驳激进派的立论根据。柏克之于议会改革的立场也确实继续在《法国革命论》中得到了体现。法国革命的爆发导致的现实情势的特殊性在于，柏克及其党派所一直保持距离甚至敌视的激进主义，首先在法国取得了突破性进展——即法国革命之爆发，而且进而刺激着英国激进主义者的情绪和神经。这就使得柏克不得不对这一激进主义的政治潮流予以完整的和系统的回应。

柏克的这一回应即是其后来写下的《法国革命论》。[①] 不过，柏克在其中之于法国革命的认识，可以说早在成书之前。当法国革命的消息传来，柏克在诸多通信中即表明其对法国革命的消极看法[②]，但显然并未决心写一部专论来批评法国革命。促使他决心写作的，使他意识到法国革命与英国国内激进主义者的思想气质的一致性。当时的报纸舆论充满了关于法国革命的报道和解释，甚至法国国民议会的辩论。引起柏克注意的是革命协会（Revolution society）在 1789 年 11 月份由普莱士发表的演讲。革命协会是一个主要由不信奉国教者（Dissenters）构成的社团，每年在威廉三世的生日 11 月 4 日集会，旨在纪念 1688 年的"光荣革命"。普莱士在演讲中表示，法国革命及其所体现出的精神原则，与 1688 年的"光荣革命"一致。有感于此，柏克乃撰《法国革命论》。《法国革命论》出版后，一时"伦敦"纸贵，反应分为两个极端，对于欧洲的保守势力而言，可谓"于我心有戚戚焉"；而对信奉洛克自然权利学说以及卢梭社会契约论等启蒙精神的激进派而言，则对其抨击不遗余力，其中以托马斯·潘恩之《论人权》最为知名。[③] 对柏克个人来说，《法国革命论》也造成了他在辉格党内的孤立，以至于与福克斯公开决裂。就其内容而论，《法国革命论》虽纵论法国革命的渊源与前景，然其根据却在于英国的宪法历史与经验，着力阐发的正是英国宪法的精义。在涉及法国革命的论著中，柏克的

① 中译本见柏克 . 法国革命论 [M]. 何兆武译 . 北京：商务印书馆，2009.
② Conor Cruise O'Brien. *The Great Melody: A Thematic Biography of Edmund Burke* [M]. London: Sinclair-Stevenson, 1992:387–392.
③ 参见潘恩 . 人的权利——驳柏克并论法国大革命与美国革命 [M]. 丑飞龙译 . 中国法制出版社 , 2011.

思考可以说是其最后之于英国宪法最系统的辩护。[1] 弗兰克·奥格曼指出："在其政治生涯之初，他就将其政党哲学置于一种宪法理念的框架之中。他进而在环境的压力下去对这一理念加以界定，尤其是经济和议会改革运动之中。之后，柏克在《法国革命论》（1790）以及《新辉格党人对老辉格党人的呼吁》（1791）这类著作中通过对抗国内外的雅各宾派来捍卫英国宪法。"[2] 在此，柏克辩护英国宪法的重点与之前有所不同，即"在其从政之初，他根据王权和贵族之间的对立来思考，之后则根据人民和贵族之间的对立来思考"。法国大革命之际的柏克，主要是从对抗政治激进主义这个角度来思考的。

在对柏克思考英国宪法的阶段性作出上述界分，我们还必须注意以下问题。

首先，我们将 1765 年作为柏克思想转向的一个转折点。在 1765 年之前它主要是一个有着历史和哲学兴趣的文人。其间他写下了《自然社会辩》、《论崇高与美》、《英国史纲要》等著作，并从 1758 到 1766 年在编辑年鉴。当然，他也不完全是一位文人，1759 年他成了威廉·杰拉德·汉密尔顿的秘书，当时是贸易委员会委员并在 1761 年担任爱尔兰行政长官（Chief Secretary），柏克乃随之前往都柏林任职。在此期间他开始接触参与到一些实际的政治问题。但是他的兴趣依然主

---

① 柏克晚年的另一个主要关切对象是爱尔兰问题。当然，柏克在求学之际，即哀叹其"可怜的祖国"之不幸。不过，自 1761 年柏克担任爱尔兰总督汉密尔顿后，柏克在 1761—1762 和 1763—1764 年返回都柏林，期间还写了《论爱尔兰的天主教法》。1765 年担任罗金汉姆私人秘书之后，柏克有一个时期并未参与到爱尔兰政治中去。柏克在 1773 年积极推动爱尔兰议会向不在地主征税，1778 年推动支持爱尔兰的自由贸易要求，等等。柏克对爱尔兰政治的最大贡献还是在其晚年，主要是法国革命之后。1789 年之后，部分是受法国革命的影响，爱尔兰继续要求其在 1782 年革命中获得的独立地位，以及进一步的改革，主要是天主教徒的解放问题。对此，柏克积极参与，力图实现爱尔兰人的渴望，尤其是天主教问题。柏克生命最后的七八年，法国革命和爱尔兰问题是其持续的关切主题。柏克对爱尔兰事务的关切，当然有其个人的情感因素在内，作为一个天主教家庭出身的后裔，对此可谓感同身受，但柏克之于爱尔兰问题的思考，实际上依然是帝国的关系问题。

② Frank O'Gorman. Edmund Burke: His Political Philosophy[M]. Routledge, 2004, p.49.

要在文学上，他与汉密尔顿争吵以至于在 1765 年初拂袖而去，主要是因为汉密尔顿不给他足够的时间来从事文学活动。他在爱尔兰工作期间撰写的《论天主教会法》，是一位兴趣更多是在写作和哲学而非实际政治问题的年轻人的作品。这些早期著作乃是充满了历史和哲学关怀的文学作品。1765 年 7 月，柏克担任刚被任命为新一届内阁首相的罗金汉姆侯爵的私人秘书，与其之前的生涯相比，此后他的主要兴趣就在政治上了，而文学则排在第二位。但是，简单地将 1765 年之前的柏克视为文人而之后是一位政客是不够的。1765 年确是一个转折，但也存在连续性，随着他将哲学和文学思维用以面对实际政治，结果就丰富了柏克的全部活动。①

其次，是柏克与孟德斯鸠的思想联系问题。据说，柏克是孟德斯鸠在英国最伟大的信徒。但是，关于二者之间的思想关系在这种泛泛之论之外，并没有更多的讨论。学界对孟德斯鸠和英国的关系的研究虽不乏其人，但对孟德斯鸠的研究大多集中在孟德斯鸠思想形成的英国渊源上，也就是孟德斯鸠在英国看到了什么，而不是孟德斯鸠对英国有什么影响；柏克思想的研究者则似乎更愿意探讨他与卢梭之间的思想联系，这也许和柏克晚年讨论法国革命有关。事实上，英国不仅给了孟德斯鸠以极大的灵感，同时孟德斯鸠也因之而成为英国政治思想演进中的一个关键角色，其对英国政制的观察和理解，甚至成为英国政制本身的一部分。而就与柏克的关系而言，柏克对英国宪法的理解，固然相当程度上是受到了孟德斯鸠的启发，但是柏克的英国宪法思想实际上是来自于其对实际英国政治的参与经历。正是在和罗金汉姆辉格党集团的实际政治参与经验，才是柏克形成其英国宪法理论最为重要的现实资源。孟德斯鸠对英国政制的观察与评论无疑在 18 世纪

---

① 参见 C.P.Courtney.Montesquieu and Burke[M].Basil Blackwell, xiii→iv.

极为流行，这当然是因为它在很大程度上的确反映了英国政制的实际运作。但是这种理论的根据——英国宪法——并不是一成不变的。事实上，我们可以看到18世纪内宪法本身的变迁，虽然十分缓慢，但却一直在进行，最终为白之浩以及戴雪在19世纪的宪法理论所取代。孟德斯鸠的观察所代表的也仅仅是英国宪法在18世纪的一个版本而已，尽管这一版本的确在相当长的时期内十分真实。但是，这一变迁又确实在作为孟德斯鸠的信徒——柏克——的思想发展中观察得最为明显。自其于1765年正式步入英国政治以来，柏克自身的政治经验不得不使他客观地面对英国宪法，在权力分立与制衡、帝国等众多宪法问题上，柏克可以说取资于孟德斯鸠之处甚多，尤其是其经验的历史的方法，但现实的情境又迫使他不得不对孟德斯鸠的看法加以修正，从而为英国宪法在19世纪的进一步发展作了最为关键的准备。[1]

还有就是柏克的思想与其党派的关系问题，即柏克在一系列著述中所表达的思想是否只是其党派的立场，而非其个人的思考。这是因为，柏克的政治生涯，除了三次短暂的内阁经历，其余均处于在野的反对地位。因而他对政治问题的态度就带有如果他的同党上台就会比他们所反对的现任内阁做得更好这种信念的色彩。这对一位在野的反对派而言是很自然的，而且只要没有退化成为只是为难政府的纯粹的反对也并无不妥。我们应该看到，柏克的政治著作很大程度上都在致力于阐明1765—1766年短期执政的罗金汉姆内阁所采纳的政策是正确的，而当时或此后其他人的建议的大多是错误的。归根结底，柏克的政治哲学往往都是对罗金汉姆及其友人的政策的理想化和理性化。但是人们常常假定，罗金汉姆勋爵及其支持者只不过无足轻重，是柏克为他们提供了一种政治纲领和一套政治哲学。实际情况显然与此相反，

---

① 参见 C.P.Courtney. *Montesquieu and Burke*[M].Oxford:Basil Blackwell, Preface, 1963:1.

是罗金汉姆、纽卡斯和多德斯韦尔（Dowdeswell）在 1765 年和 1766 年制定政策，柏克的地位———一位政治新人——是赋予这种政策以文学的形式并使之升华为一套哲学。随着柏克年龄的增长和经验的丰富，也许他在政策制定上相应地发挥着更大的作用，但是无视罗金汉姆及其友人这些柏克往往视之为领导的人物，则是错误的。

二、柏克对英国宪法的阐发

（一）古宪法——英国宪法的性质

在柏克关于英国宪法的理解中，最为引人注意的也许是其对英国宪法之历史性的强调了。历史，对于英国而言，不仅仅意味着其演进的客观线索；更为重要的是，英国宪法经由历史的传承与积累，乃获得其有效性和正当性。也就是说，英国宪法之所以成为英国宪法，正是由于其久远的历史传承和不断进化所致，而非来自于抽象的理论建构。柏克指出：

> 英国人想来所主张拥有的各种自由权利的做法乃是……一个祖先所传至我们接受的方法，并亦将经由我们传之后世。这是不列颠国内人民所拥有之天然财产，并无需借助其他理论或某种权利来加以证成。①

所以，这种经由历史之传承和积累而不断演进所形成、并获得人民所认可，就是英国宪法之正当性的来源。用柏克的话来说，这种宪法就是一种"约定俗成的宪法"（prescriptive constitution）：

---

① 柏克.法国革命论 [M].何兆武译.北京：商务印书馆，2009:43–44.（译文有改动）

　　我们的宪法是约定俗成的宪法；其权威存在之唯一理由是其已存在久远且无可追溯其渊源。……我们的国王、贵族、法官、大小陪审团等制度均为惯例而经过某一段时间后便得以确立。这一点可以由这些职位最初出现时所引发的且至今尚未获得解决的争论证明。所谓约定俗成，就是赋予各种头衔或权利以最为坚实的基础，不仅适用于财产之处分，亦可用于政府之组成……同时，它还与另一人类心灵上之特质——依靠事实而加以推定之能力——并存。一国之能长久存在并发展，乃是基于一种倾向维护既有制度而反对未尝试过的计划的心态。一个国家于其漫长历史中所作的选择，其优越将远甚于任何仓促或临时经由选举而得之政策。这是因为国家并非一地方性、短暂性之个人组合体；相反，……是一种扩展到时间以及数量和空间的连续性观念……一个有意选择的年代和世代；它是一部由成千上万次选择所构成的宪法，它是由人民特定的环境、场合、脾性、性情，以及道德、文明和社会习性所构成，这只能在长期的历史中得以显现。恰如一件经过适当裁剪的衣服。更何况对既有政府之认定不是基于某些盲目毫无意义的偏见——要知道人是最聪明也是最愚蠢的生物。个人往往是愚蠢的，大众未经深思而行动之时也是愚蠢的，但整个种族尤其是历经了一段时日之后，其之所为却往往是在正确的。①

　　我们应该尤其注意柏克在这里所使用的"约定俗成的宪法"（prescriptive constitution）概念。所谓"约定俗成"（prescriptive），其核心正在于其历史的传承与累积，在于其历史之无可溯源。与众多思

---

① *The Works of Edmund Burke* [M]. 16 Vols, 1815–1827, Vol.X, pp.96–97.

考宪法问题的理论家不同，柏克的"prescription"概念赋予经过长期确立和运用的现存制度以权威。对柏克来说，仅仅是这种应用本身就有了一种资格。在之前关于柏克政治经济学的介绍中，我们也曾论及柏克关于"prescription"的理解，不妨在这里稍作发挥。无疑，对早期的思想家而言，财产权和权力中的习惯一直被认为是其形成权利的重要因素。弗兰克·奥格曼认为，"prescription"被柏克巧妙地引入到其哲学之中是因为这将"光荣革命"继承者的财产权和权力予以合法性；以保护他们的财产，免于王权或激进的平民的没收。根据"prescription"的内涵，财产于是就变得神圣不可侵犯。的确，英国社会的财产基础，是奠定在一种历时悠久的"约定俗成"（prescriptive）基础之上的。[1] 但是对柏克来说，将贵族的社会功能和世袭财产同历时悠久的约定俗成原则联系起来并不困难。柏克曾经就贵族写道，"他们的房屋成为了记录宪法的公共仓库和官邸"，它们受到特定家族的传统政治的保卫一如国家的法律和秩序。[2] 这并没有将法律置之度外是因为财产的累积本身已经激起了嫉妒："但是我们依然必须法律以保卫财产，以及必须依靠国家中的等级、荣誉和威严，虽然他们有着明显鼓励贪婪和野心的倾向。"[3] 因此，历时悠久的约定俗成，就为社会和政治带来了稳定和秩序。特别是，约定俗成，不仅巩固了社会秩序的构架，也使得文明社会中的权利和义务成为可能。自由也许是英国政治和宪法结构的内在要素，对此，我们下面还要特别阐述，而历时悠久带来的"约定俗成"（Prescription），正是其基础所在。[4]

---

[1] Speech on Parliamentary Reform, 7 May 1782, *The Works of Edmund Burke* [M].16 Vols, 1815-1827, Vol.X, p.96.

[2] Burke to the Duke of Richmond, 15 November 1772, Correspondence, I, pp.372-378.

[3] Speech on the Repeal of the Marriage Act, 1781, *The Works of Edmund Burke*[M]. 16 Vols, 1815-1827, Vol. X, p.140.

[4] Paul Lucas, On Edmund Burke's Doctrine of Prescription; Or, An Appeal from the New to the Old Lawyers[J]. *The Historical Journal.* Vol. 11, No. 1, 1968: 35-63.

波考克则将柏克的这一宪法概念概括为"古宪法"（ancient constitution）说。柏克明确强调的是，英国宪法并非奠基于一种自然权利的基础，因为"它是约定俗成的宪法，其唯一的权威正是它存在的时间久不可考"[1]，而且不仅宪法的权威以及其中权力的分配可以主张这种历时悠久的权威，"你的国王、你的贵族、你的法官、你的陪审员、无论贵贱，所有一切都是历时悠久约定俗成之物"。柏克持有的这种古宪法的信念，将历史的传承与累积作为政治社会之基本构架的宪法的正当性来源，不仅不同于洛克在"光荣革命"之际所提出的自然权利学说和社会契约理论，更是与在 18 世纪启蒙时代的欧洲大陆所风行的卢梭的社会契约论大异其趣。这无疑表明了他们之于政治社会何以形成的不同理解。但重要的是，柏克所理解的政治社会，不是洛克或者卢梭所设想的逻辑推演，假定在某个虚构的历史时刻基于纯粹的功利目的发生的联合的产物。柏克指出：

> 社会的确是一份契约，涉及有关短暂利益的次要契约可以随意解除，但是国家绝不可以被视为形同交易胡椒、咖啡、印花布、烟草之类，或更没有价值的货物的契约，为了一点短暂的利益而订立，又可以随各方的喜怒而解除。[2]

尤其是，这一源自历史的契约自历史中来，并在历史演进中不断完善：

> 由于这种合作关系的目标无法在许多世代中达成，因此这种

---

[1] Speech on Parliamentary Reform, 7 May 1782, *The Works of Edmund Burke* [M].16 Vols, 1815–1827, Vol.X, p. 96.

[2] 柏克.法国革命论 [M].何兆武译.北京：商务印书馆，2009:129.（译文有改动）.

合作关系就不仅是活着的人之间的合作，同时也是生者、死者、以及未来的人之间的合作。在永恒社会的伟大原始契约内，个别国家的契约只是其中的一项条款而已。一切物质性与精神性的事物，皆受制于它们不可违背的誓约，而各自安于其位，这誓约肯定了一个固定了的合同。宇宙间一切高等和低等的生物之间、人世与幽冥之间，都在原始契约之内，按照这个合同的规定，结构相连。这种规定不受那些因为更高更伟大义务的要求，而必须受制于这些规定的人的意志的影响。……赋予我们依靠自己的美德完善的本性的上帝，同样是这种完善的必要手段。因此他的意志要求国家的存在。①

柏克在这里所提到的"原始契约"虽然有很强烈的超验色彩，但其中心显然在于对历史及其演进的意义。基于此，我们也许就不难理解柏克对"光荣革命"的解释：

古犹太教教士声称的第三种权利——由我们自己来成立政府，正如另外两种权利一般在光荣革命中并未得到支持。这次革命旨在捍卫若干不容置疑的古老法律和自由，而这种古宪法是为了维护这些法律和自由的仅有保障。如果想知道这一古宪法的真正内涵和精神，则应考察既有的历史记录国会法案和出版物等，而不是妄信犹太人的证道词或一些革命团体的祝祷词。犹太人即革命党人之所言，含有与通常不同的想法和词语，它们没有被任何政府当局接受，也不符合我们的意愿。他们认为构建新政府的构想让我们感到厌恶和恐惧。不论是革命当时还是现在，我们都

---

① 柏克.法国革命论[M].何兆武译.北京：商务印书馆，2009:129.（译文有改动）.

希望将目前所拥有的权利视为继承自我们的祖先，同样希望常常保持谨慎以免破坏先辈所设计的蓝图。今日的所有改革事宜，均能在溯及既往的原则下进行，我们也盼望今后的一切改革都能够依照这种回溯既往的先例而进行。①

柏克进一步指出：

> 我们历史上最早的改革范例是大宪章。自伟大的法学家柯克爵士以来，其追随者至布莱克斯通为止，莫不致力于发现我们现在所拥有的自由之渊源。他们证明了约翰王之大宪章与亨利王所颁布的宪章的关联，而这二者都只是对我们国家存在已久之古老法律的重新肯定而已。事实表明，这些法学家与人民的心理，早已经被远古所占据，我们国家现有的一贯不变之政策，同样来自这种将诸多神圣权利视为源自远古的信念。②

所以，柏克关于英国宪法的理解，中心就在于对其历史与经验的发掘与强调。这一点是不同于"光荣革命"之际洛克阐发的自然权利学说的，同样更是与 18 世纪卢梭的社会契约论判然有别。上面柏克提及柯克与布莱克斯通，事实上，这已经显示出柏克所属的英国特有传统，即普通法传统。正是这种普通法传统，无疑是柏克理解英国宪法的思想支撑。关于普通法传统在英国宪政主义演进中扮演何种角色，当然是一个富有争议的问题，但是对历史与经验的强调的确是普通法传统的核心。我们可以在 17 世纪之初爱德华·柯克爵士的"第七报告"（calvin's case）中看到：

---

① 柏克. 法国革命论 [M]. 何兆武译. 北京：商务印书馆，2009:41.（译文有改动）.
② 柏克. 法国革命论 [M]. 何兆武译. 北京：商务印书馆，2009:41—42.（译文有改动）.

我们只属于昨日,(并且因此需要前人的智慧),并一直无知(如果我们不接纳我们先辈的光明和知识),以及我们在地上的日子只是此前古老的时日和过去的时光的阴影。其中法律乃是根据最为卓越人士的智慧,经过许多世代,长久和持续的经验,……不断改善,没有哪个人,即便他有世上所有人的智慧,可以在任何一个时代来对之施加影响。因此,任何人不应该认为他自己比法律更有智慧。①

詹姆士一世时期的爱尔兰检察总长约翰·戴维斯爵士关于英国普通法的看法也十分具有代表性,他认为:

因为英格兰普通法只是该王国的共同习俗,而且一项习惯具有法律的力量往往被称之为 Jus non scriptum:因为它不是被特许或议会所制定或创立的,那是成文法案的途径……但一项习俗永远不会成为对人民具有约束力的法律,直至也已经过难以记忆的时间的检验和赞同,而且在所有的时代都没有导致任何不便。②

所以,在柏克那里,并不要依赖任何特别抽象的理论建构,同样可以对英国宪法加以勾勒。他需要的仅仅是对历史的体察和感悟,宪法的存在及其延续古今的事实本身就足以表明了这种约定俗成的宪法的观念的正确性。而且柏克认为,将英国宪法植根于英国本身的历史情境之中,并以之作为其根据,是一种"顺应自然而获得的一种快乐,

---

① Thomas Chaimowicz. *Antiquity as the Source of Modernity:Freedom and Balance in the Thought of Montesquieu and Burke*[M]. New Brunswick:Transaction Publishers, 2008:81.

② Thomas Chaimowicz. *Antiquity as the Source of Modernity:Freedom and Balance in the Thought of Montesquieu and Burke*[M]. New Brunswick:Transaction Publishers, 2008:81.

是一种无须思考即可获得之智慧，并且较之于思考更胜一筹"。

某种意义上，法国革命呈现的则是一种相反的情形，法国的革命党人试图依赖自己相信的理性和理论来建构法国的宪法，其所造成的灾难性后果事实上也就进一步使柏克确信英国宪法之历史性质的重大意义。柏克在《新辉格党对老辉格党的呼吁》中指出：

> 英国宪法没有受到一群冒失鬼的骚扰，就像那些巴黎头脑发疯的诡辩家们的国民议会一样……它是许多世代的众多心灵思想的结果。它不是简单、肤浅之物，也没有为肤浅的理解所判断。一个无知的人，不至于愚蠢到瞎弄其钟表，但却足够自信地认为他能安全地拆卸并随意组装，另一种形式的道德机制，重要，复杂，由不同的齿轮和弹簧组成，以及平衡、中和和合作的力量……深刻的思想家会知道其理由和精神。不那么深究的也能在其感觉和经验中意识到。他们要感谢上帝，因为拥有一种标准，在这一重大问题最为关键的地方，使之同等地最为明智和富有见地。①

这当然不是说英国宪法是完美无缺的，柏克也从未将其视为对英国人而言的完美宪法。柏克只是视之为历史、时代的产物，是一种充分发展和成熟并因而具有其正当性的实体而非一可以持续变革的政治结构。

（二）混合与平衡——英国宪法的结构

在理解英国宪法的历史性之外，柏克还十分强调英国宪法的混合

---

① 转引自 Thomas Chaimowicz. *Antiquity as the Source of Modernity:Freedom and Balance in the Thought of Montesquieu and Burke*[M]. New Brunswick:Transaction Publishers, 2008:81-82.

性和平衡性。在柏克看来，英国宪法不仅是历经了历史的演变和累积，而且具有一种混合和平衡的性质。混合和平衡这种独特的宪法结构，乃是英国宪政的内在品质。简言之，柏克认为，英国宪法是君主、贵族和平民三种成分的有机结合，这种混合的结果是使得三种政制成分的优点得到保留并同时抑制了各种政制成分的缺陷，最大限度地发挥出作为政治社会之拱顶石的宪法的政治功能。正如柏克自己所言："执掌权力的人，除非是人民所接受的，或者说，得势于宫廷的派系，除非有国民的信任，议会则拒绝支持政府。这样一来，民众选举的一切好处，我们都可以得到，而起于无休止的阴谋或者为了某一具体官职而向全体人民兜售选票的弊病，却可以避免。这是我们宪政体制之最高贵最精纯的部分。人民被委以立法的审议权（经由其代表、其显贵）；国王则被委以否决权以相制约。国王被委以慎选推举官员的权力；人民则通过议会的拒绝支持而享有否决权。"①

　　这一关于英国宪法之混合性质的认识，柏克虽没有系统的专门著作来加以阐述，但的确在其著述和演讲中是十分显而易见的。在论及光荣革命之时，柏克指出："（光荣）革命之起因是对一个原始契约的违反，这个契约是隐含在我国的宪法之中的，它表昭了我国的政府机构是基于国王、贵族和平民三者之上。"② 他也一直强调了混合的宪政结构之中权力平衡的重要性。"我们的政体，是站在一个微妙的平衡物之上的，四面是陡峭的悬崖，和无底的深渊。朝某一侧移动它，是异常危险的，这容易倾覆它的另一侧。"③ 而且"由平衡的权力组成的宪法，永远都是至关重要的"④。

① 柏克. 论当前不满原因之根源 [M]. 2003:244-245.
② Iain Hampsher-Monk. *The Political Philosophy of Edmund Burke* [M]. London: Longman Group, 1987:240.
③ 柏克. 论当前不满原因之根源 [M]. 2003:288.
④ 柏克. 论当前不满原因之根源 [M]. 2003:288.

无疑，对混合政体的推崇，一直是西方政治思想史上的主题之一。柏拉图在晚年认为，哲学王的统治的理想国之外，切实可行的最好政体是将君主制和民主制结合起来的政体，因为君主制有其智慧，民主制则有其自由。亚里士多德同样主张将民主制与寡头制相结合，其中民主制倾向强烈的属于自由国家，寡头制倾向强烈的则属于贵族制国家。相比而言，贵族制更好，因为美德、财富和自由均得到了代表。波利比阿的历史研究发现，君主制、贵族制、民主制均存在腐化堕落的动荡循环，并认为最好最稳定的政体是能够将这三种政体成分适度结合的政体。西塞罗可以看做是古典时代混合政体学说的集大成者，他概括说混合政体融合了"君主对臣民的父爱，贵族议政的智慧和人民对自由的渴望"①。

这些关于混合政体的认识虽是属于古典的政治思考，但的确是一直连绵不绝的思想源流。18世纪的英国，关于英国政制的混合性质的理解，显然是主流。特别是，经由孟德斯鸠的著名观察和概括，无疑进一步使得这种认识得到强化。在这种思想的流变与氛围中，柏克所理解的英国宪法是混合的、平衡的，应该说不令人奇怪。但是，柏克在讨论18世纪的英国政治时虽然偏爱的是使用"宪法的平衡"这种习惯用语，他并没有机械地理解平衡宪法中的"平衡"。柏克所理解的平衡，并不同于18世纪的人们关于平衡的一般理解，而是有着独特的内容。

最重要的也许是，柏克突出强调的是宪法之混合结构中的平民部分。在柏克看来，虽然宪法由国王、贵族与人民三部分构成，但是

> 国王是人民的代表，贵族也是，还有法官。他们和下院一

---

① 王天成. 论共和国——重申一个伟大的传统 [J]. 载宪政主义与现代国家（公共论丛第七辑）[M]. 北京：生活·读书·新知三联书店，2003:192–193.

样，都是人民的信托人，没有哪一种权力是为了持有者的单一缘故而授予的；虽然政府是一种有着神圣权威的机构，但它的形式和它的经营者，却通通源出于人民。①

柏克指出："下院的性质，既在于它是统治者和被治者的中介，则人们自然希望它比起另一支较远的较为恒久的立法机构（指上院）应该更关心更体贴与人民相关的每一件事。"② 下院，因而就是宪法最为重要的机构。这是柏克为什么尽管他接受王权贵族以及下院，但不接受其代表的权力的精确平衡的更为重要的原因，因为平衡暗示着平等。

这其中首先涉及到的是君主在宪法中的地位问题。柏克认为王权当然是一种必要的宪法构成，王权之正当的和适当的影响——足以保持其尊严，以支付其家政并在与国家尊严相适合的程度上坚持——柏克认为这是可以接受的，而且是必须的。但是，需要将王权置于日常政治冲突之外，这些权力应当基于公共原则和国家原则而加以行使，这最好是将这些权力的运用交予得到下院支持的内阁之手。柏克极力反对的是主张王权作为"政府之主要的甚至唯一的支持"的影响。③而且，他不仅反对王权日益增长的影响，而且反对这种权力正在落入坏人之手的事实。柏克相信，王权的影响应当只是耄于国家最高等级的人们的授予，但现在则已落入到坏人之手。④

我们在此可以明显看出，柏克虽然主张权力的混合与平衡，但是其中内涵显然不同于 18 世纪的通行的理解。无论是在孟德斯鸠那里，还是在博林布鲁克那里，他们所理解的平衡显然有一种严格的意义。在他们所理解的混合宪法中，三种性质的权力是要大致旗鼓相当

---

① 柏克. 论当前不满原因之根源 [M]. 2003:261.

② 柏克. 论当前不满原因之根源 [M]. 2003:261.

③ Burke to Rockingham, 14 February 1771, Correspondence, II, p. 194.

④ Speech on a Plan of Economical Reform, 15 December 1779, Speeches, II, p.5.

的，足以各自抗衡。特别是王权，在平衡宪法中或者混合宪法理论中，是要落到实处的，也就是说，王权是实实在在的王权，并非虚君之意。这也是为什么博林布鲁克以违背宪法之平衡来抗议沃普尔所代表的辉格党寡头体制了。事实上，即便在柏克的时代，虽然柏克倡导一种君主严守政治中立的立宪君主体制，依然受到违背宪政平衡的抨击。而在柏克那里，他所主张的王权，则是中立的、象征意义的王权。在他看来，宪法最重要的部分并不在于王权是否构成一种实质性的权力平衡要素，正好相反，王权在实质上必须成为象征性的，中立性的。也就是说，柏克所主张的王权，和他所理解的混合宪法和平衡宪法，就和 18 世纪的一般认识有着重大不同，更类似于立宪君主制的宪法意义。如我们所见，而立宪君主制的实质性确立正是 18 世纪后期到 19 世纪中期英国宪法最为重大的演变之一。

但是，柏克关于宪法中君主地位的理解并不意味着他要走向平民主义的立场。18 世纪还是一个贵族的世纪，他虽然认识到宪法渊源的人民性，甚至主张下院在宪法中具有最重要的地位，但是他并不认为人民就此应该登上政治舞台。

这就涉及到柏克使用的一个十分关键的概念：信托与代表。在《论当前不满原因之根源》中柏克曾写道政府源自于人民，而且应当基于公共的而非私人的基础而行动；不过，他拒绝承认人民来分享政府。柏克相信，人民的利益虽应当被倾听，但政治权力应当为了他们而被托管持有："国王是人民的代表；贵族也是，法官也是。和下院一样，他们都是人民的受托人，没有哪一种权力是为了持有者的单一缘故而授予的。"[①] 对柏克来说，世袭的贵族就是时代所积累的经验宝库，是共同体之价值和智慧的受托者。但是，信托的观念并不是一个排他的

---

① 柏克. 论当前不满原因之根源 [M]. 2003:261.

和狭隘的概念。通过将更新的人道主义要素，它们开始在瓦解旧有的政治现实，灌注其中，柏克赋予其一种新的活力和相关性。[1]

从信托这种观念出发，柏克另一个著名和具有影响的概念是他的代表概念。对柏克而言，代表，并不意味着照本宣科般地代表本王国的人民、地方和利益。而是，它表示的是对所有基于总体之善和公共福利而公正地行为，即实质代表。实质代表是指，其中存在利益分享以及对以人民的名义行事的人们和他们要以其名义行事的人民之间的感情和愿望的同情，尽管受托者没有被他们选择。[2] 代表体制因此首要的不是一种汇总国家的意见的机制，而是国家内部调和不同利益的首先的并且是最为重要的舞台。虽然政治权力必须是为了人民的利益，但它应当既不是通过人民也不是在他们的监督之下来行使。"我一直遵从人民的意志，并努力将其引导到正确的所在，无论是以任何私人利益或党派利益为代价，我认为这种比较是没有意义的。"[3] 但是柏克从来不会让大众来为他选择其原则。

必须注意柏克关于代表之职责的理解。虽然柏克相信议员应该"生活在与其选民保持最为严格的团结，作为亲密的交流以及最为坦诚的沟通之中"[4]。进一步说，他的选民的意愿"应当对他有巨大影响；他们的意见应当高度尊重，他们的事也应当保持注意"，但是他不应该为之牺牲"他的公正意见，成熟的判断，他文明的良心"。在最后

---

① Heinz Eulau, John C. Wahlke, William Buchanan, Leroy C. Ferguson. The Role of the Representative: Some Empirical Observations on the Theory of Edmund Burke[J]. *The American Political Science Review*. Vol. 53, No. 3, Sep., 1959:742–756 Charles A. Beard and John D. Lewis. Representative Government in Evolution[J]. *The American Political Science Review*. Vol. 26, No. 2, Apr., 1932:223–240.

② Letter to Sir Hercules Langrishe, 1792, *The Works of Edmund Burke*[M]. (16 Vols, 1815–1827, Vol.VI, p.360.

③ Burke to the Duke of Portland, 3 September 1780, Correspondence, IV, p. 274.

④ Speech at the conclusion of the Poll, Bristol, 1774, *The Works of Edmund Burke*[M]. 16 Vols, 1815–1827, Vol. III, 18. 关于柏克作为布里斯托议员的活动见 P. Underdown. Edmund Burke, the Commissary of his Bristol Constituents, 1774–1780[J]. *English Historical Review*, 1954. 作者在此表明他在代表的选民利益上十分勤勉尽心。

的分析中，这些能力应当依靠议员的审慎来发挥。柏克断言，"他们是被深思熟虑地托付的，因为滥用之就要负其责任"，因为政府不是意志之物，而是理性和判断而非偏好。并且在著名的句子中他指出，议会"不是充满敌意和不同利益的使节的聚会，而是一个国家的审慎的集会，有一种利益，那就是全体的利益"，其中"总体的利益，源自于人民的一般理性"应当畅行无阻。① 柏克，因此，相信，成员必须不是纯粹从地方或局部的考虑而是要基于"十分开阔的视野来行动"，显然，柏克更为关切的是代表人民的最佳利益，而非其意见。二者当然不需要等同；他自豪地告诉其布里斯托里的选民："我坚持你们的利益，反对你们的意见。"②

当然，正如弗兰克·奥格曼指出的，对柏克来说在当时宣布对其选民意见的忽视是不合适的；同样，柏克将当时的选举体制理想化并忽略当时其中明显的弊病，也许是不明智的，当时的民众已经在大力呼吁其广泛的改革了。③ 柏克的代表理论很大程度上与罗金汉姆辉格党不能有效地与激进派合作这一事实有关，这些激进派希望议会改革与柏克和罗金汉姆党一直拒绝一样顽固。柏克所有关于信托的谈论，无疑是忽略了人民的意愿。例如，公共意见明显支持对美洲的强制政策，但罗金汉姆辉格党一直表示反对。这里在罗金汉姆辉格党与人民之间存在巨大分歧，其中在柏克的逻辑中存在着断裂。因为有可能消解掉诺斯内阁在下院一直拥有的多数支持，在王室影响的操作中来腐败议会成员，但几乎没有可能来指责全体人民的堕落腐败。柏克意识

---

① Speech previous to the Election, Bristol, 1780, *The Works of Edmund Burke*[M]. 16 Vols, 1815–1827, Vol. Ⅲ, pp.360–361.

② James Conniff. Burke, Bristol, and the Concept of Representation[J]. *The Western Political Quarterly.* Vol. 30, No. 3, 1977:329–341;Hanna Fenichel Pitkin. *The Concept of Representation*, University of California Press, 1972:168–189.

③ P. T. Underdown. Henry Cruger and Edmund Burke: Colleagues and Rivals at the Bristol Election of 1774[J]. *The William and Mary Quarterly.* Third Series, Vol. 15, No. 1. 1958: 14–34.

到不可能改变公众心绪这一事实。显然，只有美洲的军事灾难才能促成这一转变。[1]

所以，虽然柏克相信政府应当给予民众的利益而存在，但这并不是说政府应该受人民控制。他坚定的信念是政府应当给予公共原则，这并不意味着应该不时向人民请教，"至于特定问题的细节，或者任何总体的政策规划，他们既不能在秘密讨论中进行充分的思考，又没有经验来决定之"[2]。

那么，在宪法的三个必要的构成要素中，柏克所真正属意的是什么呢？他所欣赏的宪法价值所赖以维系的基本结构又是什么呢？显然，柏克怀疑君主权力的滥用，事实上也已经存在滥用的后果和继续滥用的危险；这也是他之所以积极呼吁以财政途径来进一步控制王权滥用的缘由；柏克同样对普通民众的激进主义保持戒心，平民大众固然反映着人民的呼声，这也是宪法存在的理由，但是他们显然无法认识到自身真正的利益所在。在柏克看来，真正值得人民将自己的利益加以托付的，唯有人民选举的代表。用柏克自己的话来说，就是"自然贵族"。柏克指出："一国之内，代表的方式如果不能表现能力和财产，就不是适当而公正的代表。"在柏克看来，真正的自然贵族不是一个国家中的一个独立的利益集团，不可以和国家割裂开来，这些自然的贵族们理应具有一种领导、指导和统治的地位。"在英格兰与苏格兰，尚未衰老的成年人、有相当闲暇来从事这种讨论的人、多少有某种途径来获得消息者以及身为一家之主者（诸如此类），总共或可有四十万人之多。人民有其自然的代表，上述这个集体就是那种代表；民选的代表是从这个集体而不是从法律规定的选举人团体中选举出来的。这

---

① 参见 Frank O'Gorman. *Edmund Burke :His Political Philosophy*[M]. pp.62–63.
② Speech on Sawbridge's Motion for Parliamentary Reform, *The Works of Edmund Burke*[M]. 16 Vols, 1815–1827, Vol. X, p.76.

些就是英国的公众。"柏克相信,"我们的代表被认为足以胜任所有那些被称为人民代表所被期望或赋予的目的。我不认为反对我们的制度的人,能够提出反驳的意见。"①

总之,柏克所理解的英国宪法,反映的正是 18 世纪的英国宪法现实,这集中体现在他对英国宪法之混合性的强调上;但是虽然柏克认同英国宪法的混合性与平衡性,但是在宪法的基本结构要素方面,他的理解某种意义上反映了英国宪法在 18 世纪后期的实际演进。王权逐步消退,民权已在兴起但尚未获得足够的力量和认同。唯一事实上成为宪法的主导因素的正是英国的国会两院所代表的政治力量。柏克理解其之于英国宪法的关键意义和价值,并认同这一部分的政治力量。事实上,这也正是柏克所理解的英国宪法。

(三)自由——英国宪法的内在价值

柏克将英国宪法的正当性之于英国政制的历史演进之中,并且认定这一宪法具有特定的混合结构,但是,何以文明社会的政治秩序如此依赖于在历史演进中形成并且具有特定的结构与内容的宪法呢?这就牵涉到不仅英国宪政史实际上也是人类政治社会历史中的一个恒久问题——即形成宪政秩序的目的、或者内在价值为何?其正当性何在?在英国政治思想史上,不仅是柏克,实际上是众多思想家一直加以阐述的一个主题就是宪政秩序之于自由保障的重要性。洛克的《政府论》中大谈天赋之自由权利,而后来的密尔所阐述的自由哲学,某种意义上也是另一个版本的政府论。②

在笔者看来,与洛克不同,与此后的密尔亦不同,倒是与休谟和孟德斯鸠颇为接近,柏克所理解的自由并不是一个抽象的观念,而是附着在"一定的事物"之上。这里所指的一定的事物,在柏克看来,

① 转引自麦克佛森. 柏克 [M]. 杨肃献译. 台北:联经出版事业公司,1985:55.
② 高全喜. 为什么我们今天依然还要读穆勒? [J]. 读书. 2011(6).

一是历史的累积与演进，一是自由有赖于一定的政制结构。柏克这种关于自由的立场可以说是一以贯之的，既在美洲革命时期作过阐述，也在法国革命时期进一步强调。

在《论与美洲的和解》中，柏克苦劝议会不得冒险使用武力来处理美洲问题，就以自由作为最为重要的根据。柏克认为，美洲人对自由的热爱这个因素，作为美洲人民的气质和性格，使其成为在处理美洲问题时应执行什么样的政策是比美洲的人口和贸易更为重要的因素。柏克指出："在美洲人的性格中，对自由的热爱是压倒一切的特征，它是美洲人之整体性格的标志和有别于其他人的要素；热爱每每多疑，故你殖民地的人，一旦看到有人企图——哪怕最小的企图——靠武力夺走、或暗度陈仓地偷走、在他们看来是生命之唯一价值的好处，他们会起疑心、会骚动、会暴怒的。自由的精神在英国殖民地中，比在地球上的任何其他民族那里，或许都强大而猛烈。"柏克认为，这种情形即"他们心灵的脾性和这一自由精神的趋向"的原因在于"殖民地的人民是英国人的后裔"。柏克回顾道："而英国，阁下，曾经是、但愿现在仍是一个珍视其自由的民族。当殖民者离开您移居美洲的时候，您的这一部分性格正君临这一切、大行其道。他们与您分手的那一刻，即带走了这嗜好这倾向。因此，他们不仅深爱自由，更以英国的观念、英国的原则深爱着自由。"[①]

在此，柏克明确指出了英国人民的自由的历史和经验来源。"抽象的自由，如其他纯抽象的东西一样，天下是找不见的。自由是内在于某一具体事务的；每个民族，莫不形成自己所钟爱的观点，后来他脱颖而出，变成了衡量他们之幸福与否的标准。"就英国的历史而言，其自由则始终与赋税问题紧密关联在一起。"从最早的时候起，我国为

---

① 柏克 . 论与美洲和解的演讲 [M]. 2003:88–89.

自由所进行的伟大斗争中，针对的主要是课税问题。在古代的共和国里，大多数斗争，从根本上讲，为的是选举行政官的权利，或国家之不同等级间的平衡。对他们来说，钱的问题并不如此紧要。可是在英国，情况正相反。在赋税问题上，最有才情的笔，最雄辩的舌头，都曾试练过，最伟大的精神也曾为之而行动，而受难。对于在争论中力陈英国宪法之优越的人来说，为了彻底说明这一点的重要性，不仅有必要把让渡金钱的特权，作为一桩不折不扣的事实加以坚持，不仅有必要去证明：在古代的羊皮纸上、在无道理好讲的惯例中，（课税的）权利之属于某一名叫平民院的团体，是明明白白地予以承认过的；他们走得更远，他们又试图证明并成功地证明，从理论上说也是应该如此，因为平民院的性质，恰在于它是人民的直接代表，至于那份古老的记录里，是否发出过这样的神谕，则无关紧要。在所有的君主国中，人民必须真正握有（无论直接还是间接）让渡自己金钱的权利，否则就谈不上自由的影子——这一点，他们当做根本的原则，用尽了辛苦，不厌其详地去申说。"[1] 所以，对柏克来说，自由问题，作为宪法之内在价值，依然不是一个理论和抽象的概念问题，而是一个历史的和经验的问题，深深植根于英国宪政实际演进的历史之中。

陈思贤在《西洋政治思想史：近代英国篇》中认为柏克在就美洲的立场上侧重于"自由"，而在法国革命问题上的重心则在于"均衡"。的确，柏克围绕法国革命的众多著述在阐述宪法的精神上显然与此前大为迥异，但是这其中一以贯之的却依然是将自由作为宪法的目的。

---

[1] 柏克. 美洲三书 [M]. 2003:89. 柏克继续指出：殖民地从您的身上带走血脉的同时，也带走了这些观念、这些原则。他们对自由的爱，牢牢地胶附于赋税这个具体问题。在许多别的事情上，自由之安全，不足使他们高兴，自由处于危险，也不足使他们惊恐。但在这个问题上，他们感受到了自由的脉搏；他们之认为自己是有病的还是健康的，向来是依据它的跳动。他们把您的一般论点，套用于自己的情况，其对错，我不欲置言。垄断公理和它的推论，真是大不易也。眼下的事实是，他们果然在套用这些一般的论点了，而您治理他们的方式，不管是宽大还是放任、是智慧还是错误，也是他们在想象中确信：在这些普遍的原则中，他们也有股份。

一如自由仰赖于历史的累积，自由也是仰赖于政制的特定结构的。柏克表示，自由，是存在于不同势力对垒的夹缝之中，倘若一支势力打垮了其他的势力，自由就没有了安身之处；所以，当英国的君主制因法国革命的原则而动摇时，他便来扶持君权；当议会因宫廷帮的阴谋而腐化之时，他便来增援议会；当议会来宰割殖民地时，他便来保卫殖民地。① 所以缪哲认为："爱自由的人，即使受虐于一支既有的政治势力，也不应该动匹夫之怒，而任由并帮助其他政治势力将之摧毁。这些话，既是柏克一生的自道；自由的制度中，有危者必持之，有颠者必扶之，这可谓柏克政治生涯的大概。"②

当然，柏克对自由的理解，并未形成后来密尔详加阐述的自由主义理论体系；但是，宪法，在历史中累积演进的宪法，以及具有特定政制结构的宪法之正当性何在，正是基于自由这一价值蕴含。柏克在 19 世纪以降之被视为自由的功利主义者，其关于宪法之自由价值的保障无疑是关键因素。而柏克之被视为保守主义之父，固然是源于对法国革命的抨击，但显而易见的是，柏克并不是在抨击法国革命所倡导的"自由理念"③，而是在为抛弃了自由的根基——历史与政制结构——之后，自由必然面临枯萎的悲剧性、吊诡性命运而扼腕。④

① 这很类似孟德斯鸠关于权力分立的论述，以自由为落脚点。参见孟德斯鸠 . 论法的精神 [M]（上）. 张雁森译 . 北京：商务印书馆，2002:154-156.
② 柏克 . 美洲三书 [M]. 缪哲译 . 北京：商务印书馆，2003:306.
③ 法国革命之时，柏克在一封信中指出："英国人正在惊愕地看着法国人争取自由的奋斗，不知道该赞许他们还是指责他们……他们的精神是无法不令人为之钦佩的。"转引自陈思贤 . 西洋政治思想史：近代英国篇 [M].2008:132.
④ 参见 Michael W. McConnell. Establishment and Toleration in Edmund Burke's "Constitution of Freedom" [J]. *The Supreme Court Review.* Vol. 1995, 1995: 393-462.

三、"革命的反革命"的政治宪法学
——柏克宪法思想的气质

那么，我们又该如何来看待柏克之于英国宪法的理解与阐发呢？

的确，任何思想都是时代的产物。苏格拉底和柏拉图的哲学无疑反映着古希腊城邦政制的流变；西塞罗的思考则揭示了古罗马共和政治的理想与现实。马基雅维利的冷酷甚至冷血表明佛罗伦萨城市共和国的命运浮沉，亦标志着现代政治哲学的开端；霍布斯将安全视为最根本的政治价值，则与其面对的内战动荡、法权崩溃以及臣民的生灵涂炭密切相关。洛克的《政府论》鼓吹自然权利学说，特别是肯定反抗权，显然是主导"光荣革命"的辉格党政治的迫切需要。因之，思想的时代渊源就要求我们必须从思想之所源出的"语境"来理解思想本身的意义。故理解柏克的宪法思考，显然是不能与柏克身处的时代和经历政治实践隔离开来的。

应该说，柏克投身于英国政治，已是18世纪的下半叶。首先这是"光荣革命"之后，而且经过了18世纪上半叶相对来说政治上十分平静的一个时期；与18世纪上半叶的平静不同，18世纪的下半叶之于英国则是多事之秋；对柏克而言更是如此。柏克首先遭遇的正是美洲问题，紧接着则是英国国内的激进民主运动，到18世纪末，也就是柏克的晚年，又爆发了与英国关系密切的法国革命。这些国内的和国际的政治事件的出现，带来的是英国政治的一波又一波危机和挑战。这不仅反映出实际政治的复杂性，而且对"光荣革命"的成果也就是经由"光荣革命"所确立的英国宪制提出了必须面临和加以化解的重大课题。英国政治向何处去？英国宪法向何处去？英国又向何处去？这些问题无疑是十分宏大的，但是对英国来说，又是极具利害关系的。

面对现实的政治情势，柏克的立场既是审慎的，同时也是鲜明的。当乔治三世试图扩大王权、恢复个人统治的危险行为，柏克坚决维护"光荣革命"所确立的立宪君主制遗产，寻求通过实质性的政治改革来进一步削弱王权，迫使其复归政治中立的"正轨"；当激进的民主主义者诉诸街头政治，柏克则坚守贵族政治的底线，不为来势汹汹的民主洪流所动；当法国革命的浪潮不仅对英国同时也对全欧洲的政治文明构成挑战，柏克又奋而与之抗辩，系统阐发英宪之精义。我认为，柏克的所作所为，实际上是一种反革命的政治宪法学。这种反革命的政治宪法学立场，不仅表明了柏克之于英国宪法的立场，更代表着英国政治思想的自觉与成熟，从英国宪政在 18 世纪后期的演变着眼，实是支撑英国从"光荣革命"之后直至 19 世纪这一期间君主立宪制转型的思想基础。

我在这里所指出柏克的宪法思考具有的"革命的反革命"性质，使用的是高全喜教授晚近以来所倡导的政治宪法学中的一个核心命题。

高全喜教授政治宪法学的一个前提是政治的"古今之变"，即政治的形态有现代政治、古典政治之别，其中隐含的实际上是一种古今政治形态的转变。自从人类进入现代政治以来所面临的一个与古典政治最大的不同就在于现代政治与革命的密切关联。革命这个现代性事物的出场，成为现代政治最大的现实。论及西方现代宪政，于是就离不开革命。高教授指出，虽然从规范主义的视角、从理想主义的目标来看，宪法与革命，两者是完全对峙的；"但是宪法离不开革命，就像生命离不开死亡一样"，"宪法与革命，犹如一对冤家"。

关于现代宪制的发生学的机制与原理，在高全喜教授的政治宪法学中还有战争这个因素。高教授认为，格劳秀斯时代是一个分水岭，它标志着一个民族国家的世界体系的初步构建，在前格劳秀斯时代的战争主要表现为宗教战争，而此后的后格劳秀斯时代，虽然宗教战争仍然扮演着重要的角色，但其枢纽已经演变为国家之间的战争，国家开始成为主体，战争从根本性上开始围绕着国家构建、国家理由和国家利益旋转。国家问题的进一步深化，导致国家主权以及归属问题，谁之国家？何种法权？围绕这个国家的合法性问题，战争形式从国家间战争转为内战，内战的结果是唤醒了人民的国家和宪法意识，于是人民革命开始了，制宪建国，成为后格劳秀斯时代的主题。所以，现代宪制的发生，有一个从战争到革命再到宪法的演进逻辑。

在高全喜教授看来，人民的革命的出现是有别于历史上任何形式的革命的一次破天荒的巨变，由此人民革命和制宪建国开始成为早期现代最伟大的主题，进而彻底奠定现代社会的根基。但革命的目的是什么？宪法的本质是什么？人民革命的制宪建国制定的是什么宪法，构建的是什么国家？围绕这个根本问题，又演化出两条完全不同的路径，一条是英美的建设性的"革命的反革命"的宪制路径，一条是法俄的极端革命或不断革命的政制路径。具体则又呈现出三种革命模式，一是英国的"光荣革命"的宪制，一是美国革命的反革命宪制，还有一个是法国大革命的宪制（而且从法国大革命的失败的宪制中，又催生了巴黎公社以及马克思主义的阶级斗争和无产阶级专政的反宪制道路）。[①] 而从早期现代[②]（early modern）政治思想对这个问题的反思来看，则大体说来对应着两种理论路径和结论，一个是洛克的自由宪政主义的理论，一个是卢梭的人民主权主义的理论，分别代表着上述英国和法国两种不同的宪法（政治）理论路径和现实政治状态（或革命诉求）的思想理论版。思想进路的差异进而带来的是实际宪政实践进路的不同。英国革命通过一场光荣的复辟，剔除了沉疴，重塑了这

① 高全喜. 战争、革命与宪法——兼论中国现代宪制的发生学，载高全喜《政治宪法学纲要》，中央编译出版社，2014，第218—258 页。
② 参见高全喜. 西方"早期现代"的思想史背景及其中国问题 [J]. 读书，2010(4).

个国家的政治秩序，是英国版的"托古改制"（很契合"革命"的本意），而法国则是陷入革命的永不停息的阵痛之卢不能自拔，它属于现代性的革命新意，付诸历史命运的必然性，以人民主权的名义置一部又一部宪法于水火。

同属革命，何以后果如此不同？在高全喜教授看来，虽然现代宪制之催生皆源出于革命，但是革命本身不是目的，革命的目的是独立建国，宪法是革命的形式因，革命终止于宪法，宪法的制定实施，意味着革命的完成。这是因为，"就人世间的政治来说，革命的原因和方式多种多样，总的来说，基于人民不堪政治上的奴役与压迫，任何一个历史上的政治社会，都发生过这样那样的人民的反抗、暴动或起义，英国、法国、俄国等国家皆如此，并不稀奇。但问题是，革命作为一种政治性的暴力行为，一旦发生，就很难遏制，因此，如何安顿革命就成为革命后的首要问题，或者说，如何通过革命而构建政治秩序，这本身就决定了革命的性质"。英国革命以及后来的美国革命实际上就是在革命之后妥善地解决了这个革命之后安顿革命、化解革命之戾气的方法，走出了不断革命的暴力循环，避免了法国那种经由激烈的阶级斗争最终导致个人独裁专政的不幸命运。

高全喜教授将英美的这种安顿革命、化解革命，成功地从革命时期的非常政治走向宪制确立的日常政治的思想和实践概括为"革命的反革命"，必须注意，这里的"革命"与"反革命"，有着特定的政治宪法学的意义。革命的反革命，前提在于"革命"，所以"反革命"是基于革命精神的反革命，它意味着通过宪法而终结革命，革命因宪法而完成，革命精神转化为富有生命的宪政体制。反革命是革命的自我否定，但需要一个中介，那就是宪法或宪制，没有宪制，革命是反不了的，即"其本质是通过宪法完成了革命的反革命，宪政弥合了政治与法治的两分，从非常政治富有活力地转为日常政治，政治宪政主义转为司法宪政主义"。

从这个宏观的思想史视角出发，我们不难发现柏克政治思想的"革命的反革命"性质，这主要体现在柏克之于英国宪法的理解之中，体现在英国宪法所附着其上的英国现代历史的变迁之中。柏克的革命性当然是其之于"光荣革命"的辩护。实际上，柏克的《法国革命论》虽然针对的是法国革命，其中对"光荣革命"的解释及其精神、义理的阐发则贯穿始终。[①] 关于"光荣革命"，柏克指出："革命之起因是对一个原始契约的违反，——这份契约是隐含在我国的宪法结构之中的，它表明我们的政府结构是基于国王、贵族和平民三者之上的。所以这次革命是有理由的，因为这三者之中有一个部分不但企图而且已经着手对这个古宪法进行基本的颠覆。它是有理由的因为它是必须的；它是保存我国宪法的仅有方法，也是维系我们现存政府于未来的唯一方法，而这个古宪法是我们英国在立国之初先民所订立的原始契约中所可以见到的。"[②] 柏克还指出："权利宣言是我们宪法的基石，它强化、解释、改进了宪法并使其基本原则得以确立。"正是基于对"光荣革命"的认同，柏克才在实际政治中为捍卫其成果不遗余力。他大声呼吁注意王权不当影响的增加，推动经济改革法案，为美洲的利益而奔走，皆源出于此。

但是柏克同样清醒的是，革命虽然不易，但守护革命更为不易。革命本身并不是目的，而是政治秩序的重建，如何守护革命成果实际上就成为革命之后的中心任务。他之所以阐发宪法的历史性、传统性，将宪法奠基于"久不可考的"古宪法，而且十分强调政治实践必须审慎为之，也正在于他认识到革命之后的反革命任务的重要性，或者说

① 《法国革命论》全书开篇即是从对英国"光荣革命"的解释开始的，见何兆武等译. 法国革命论 [M]. 北京：商务印书馆，2009.
② Iain Hampsher-Monk. *The Political Philosophy of Edmund Burke* [M].London:Longman Group, 1987:240.

从革命时期的非常政治步入革命所确立的宪制有效运作的日常政治的重要性。这正是革命的反革命的法理之应有之义。

从柏克宪法理论的革命的反革命性质出发，我们就不难理解柏克之于美洲革命和法国革命立场之差异。一直以来，柏克之于美洲革命和法国革命立场之差异成为研究柏克思想的重要谜题。例如陈思贤认为，面对美洲革命与法国革命所造成的旧秩序和新世界的并立和对垒，"只有柏克的态度令人好奇：他对法国革命严加斥责，认为是危险万分，后患无穷的举动，这点尽人皆知；但他对美国革命的态度却是出奇的包容，甚至在如能避免被疑为对英王不忠的情形下尽可能的妥协而几至乐观其成的地步"。由此牵出的就是柏克思想前后的融贯性问题。对此，西方研究者解释众多。例如麦克佛森就从马克思主义的观点出发，认为柏克之传统主义和资本主义之间的裂痕可以通过当时的社会实质上已经成为一种资本主义的政治经济秩序来弥合。蒙克则通过区分柏克的政策性讨论和辩论性文字与其整体所呈现出来的政治哲学加以区分，认为柏克前后实际上也是一贯的。[①]

实际上，所谓柏克之于美洲革命和法国革命立场的不同，往往暗含的前提是美洲革命和法国革命是同一种性质的革命。如果这两场革命确是同一种性质的革命，则的确可以说柏克前后的立场存在重大差异。事实上，虽然这两场革命被称为姊妹革命，相继发生，但其中的差异要比其表面的类似大得多。正如我们前面的分析所显示的，美洲革命更类似于英国的"光荣革命"，而法国革命则与之精神迥异。朱学勤曾经有过"阳光与闪电"概括，就十分形象地道出了其中的差异。[②]

---

① Iain Hampsher-Monk. *The Political Philosophy of Edmund Burke* [M]. London:Longman Group, 1987, pp.30–43. 另参见 Ian Ward. The Perversions of History: Constitutionalism and Revolution in Burke's Reflections[J]. Liverpool Law Rev. 2010(31):207–232.

② 朱学勤. 阳光与闪电——法国革命与美国革命启示录. 载于道德理想国的覆灭：从卢梭到罗伯斯庇尔 [M]. 上海：上海三联书店，2003；另参见 Bruce Mazlish. The Conservative Revolution of Edmund Burke[J]. *The Review of Politics*. Vol. 20, No 1, 1958: 21–33.

在这里，我们可从柏克思想的"反革命"这一线索出发加以解释。笔者首先想简单介绍高全喜教授的观察和思考中国问题的"早期现代"视角。近年来，高全喜教授多次撰文加以诠释，约略言之，即自鸦片战争至今一百七十年来，中国社会依然处在一个古今之变的转型时期，即从古典王朝社会到现代自由民主社会的转型远没有彻底完成，尽管这种转型是在遭受西方列强的压迫并且伴随着深刻而又剧烈的中西文明之争的背景下展开的。从大的历史视野来看，这一百七十年来的中国近现代历史，仍然处在一个以现代性为主导的现代政治、经济、文化的演进或构建之中。这样一个古今之变的历史过程，非常类似于西方的 17、18 直到 19 世纪，也就是说，我们这一百多年的历史，大致经历着西方社会历经三百多年才完成的古今之变的现代社会的形成过程。也就是说，中西之间在现代进程中处于不同的历史阶段，实际上也就是需要完成的现代性政制建设任务不同。

笔者在此稍作引申。中西之间存在这种现代性进程的阶段性是十分显然的，但是在西方早期现代主要是西欧诸民族国家的现代性进展中，实际上也是存在一个阶段性，亦即早期现代的西方内部现代性发展的阶段性。不可否认，这一现代性的进程是从英国开始的。当法国大革命爆发之时，其与英国大致存在一个世纪之久的时差。这种时差的存在，也就带来了其任务的差异。在英国就不是要不要革命的问题，而是如何捍卫革命成果并在此基础上不断改良的问题；而在法国，则实际上还是刚刚进入现代革命制宪的非常时期。实事求是来讲，柏克对法国革命的评论存在一定的误读，过分美化了法国的王权政治。他所理解的法国实际上带有强烈的英国视角。但是重点倒不在于此，柏克之考察法国革命，目的是回应英国国内鼓吹乃至响应法国革命的风潮，这实际上才是柏克最大的担忧所在。从柏克理解法国革命的英国情结出发，则就不难理解他为何着力从对英国"光荣革命"出发诠释来阐发英国宪法之意义和价值了。但是，并不是说这对法国没有启示意义。只是在革命风起云涌之际，柏克所阐发的反革命的宪法精义显得颇为"不合时宜"，进而为之所淹没不显。但如此，法国也就随后付出了高昂的代价。

对柏克所代表的这种反革命哲学有所体认，已是托克维尔的时代了。动荡的法国政局某种意义上也一直在提示这一反革命政治哲学逻辑的价值和必要性。也许这种哲学卑之无甚高论，柏克也好，斯密、休谟也罢，的确没有霍布斯和洛克或者那些古典哲学家的声名，或许真是因为"缺乏伟大哲学的深刻与严肃"[1]，但是托克维尔敏锐地注意到他们的真正价值：

> 我将不惮于说：似乎对我来说，所有的哲学理论中，（它）最适合我们这个时代人的需要……因此，在我们这个时代，道德家的思维应该主要转向它。即使他们会不准确地判断它，他们也将不得不采纳它，以为必须。[2]

在此，我特别想强调的是，柏克论及英国宪法所体现出来的反革命气质，并不是柏克所独有的。柏克同时代的休谟、斯密等一批苏格兰启蒙运动中的健将可以说都在不同程度上具有这种气质。也许柏克与休谟更为接近些，但这种精神气质的近似在我看来是英国思想界的高度理论自觉。这倒不是说他们发展出了一种精确的政治哲学，而是

---

① 格特鲁德·希梅尔法布.现代性之路：英法美启蒙运动之比较 [M].齐安儒译.复旦大学出版社，2011:184—185.

② 参见托克维尔.论美国的民主 [M].第二卷第二部分第八章，第502—503页，转引自格特鲁德·希梅尔法布.现代性之路：英法美启蒙运动之比较 [M].齐安儒译.复旦大学出版社，2011:185.托克维尔是在观察美国之后，得出这样的认识的，想必感慨良多。但是，在目睹波澜壮阔的法国革命浪潮之后，期间所经历的创痛和灾难又是何其令人感慨万千。

说他们从英国本身的历史发展与经验中业已把握到了英国政治发展的时代脉动。正是存在这种关于英国政治发展的高度自觉，他们才能准确地体察到英国"光荣革命"的宪政意义，并不遗余力加以捍卫；同时他们也体认到革命与宪制这个早期现代中的政制主题的重要性，用实际行动走出了一条反革命的实践轨迹，支撑着英国宪制的渐进改良和完善。如果说，英国在 19 世纪开创了一个自罗马帝国以来最具实力的日不落帝国的话，那么没有这种反革命的思想和实践的基础，实在是不可想象的。

高全喜教授指出："一个时代必有其内在的精神（否则就不成其为人类文明史了），一个民族如果是一个政治成熟的民族，也必有其赋形于宪法的精神。所谓一个政治民族，在我看来，首先是一个有能力成就宪法（无论是成文宪法还是未成文宪法）或宪制的民族，而这个塑造过程，凝聚着这个民族千百年的历史积累和文明宿命，她的传统与光荣，她的奋斗与牺牲，她的挫败与无奈，她的坚韧与智慧，这一切的一切，皆熔铸于她的宪制之中。"[1] 我以为，这里提到的民族的政治成熟在于其宪制，其一个前提就在于能够在宪制之创制的过程中有一种思想的自觉，即革命的反革命之自觉。显然，这种反革命的政治自觉只能依赖于这个民族的历史智慧与思想传统。英国政制之幸即在于柏克这样的思想家、政治家具有这样的思想自觉。也正是有了这样成熟的政治思想自觉，才能最终为宪制的成熟或者说一个民族的政治成熟奠定基础。对此，孟德斯鸠亦早有观察与评论，他在《论法的精神》中写道："一个被奴役的民族的习惯就是他们奴隶生活的一部分。一个自由民族的习惯就是他们的自由的一部分。"[2] 的确，当我们考察柏克

---

① 高全喜. 宪法与革命及中国宪制问题 [J]. 北大法律评论，2010(2):653.
② 孟德斯鸠. 论法的精神 [M]. 张雁深译. 北京：商务印书馆，2002:320.

之于英国宪法的洞见和阐发，回首英国宪法的历史变迁，不难发现，曾几何时，前者也许塑造了后者的历史，但是最终也融入到英国宪政本身的历史与精神之中。英国宪法的历史如此，其动力和活力亦源自于此，往昔如是，未来亦将如是。

结　论

　　考察埃德蒙·柏克的政治思考和政治实践与 18 世纪后期英国宪法转型之间的关联，必须将柏克置于 18 世纪英国政治的现实背景之中，亦即必须了解 18 世纪特别是 18 世纪后期的现实政治危机所折射出的宪政"问题"。18 世纪英国宪法是否存在转型以及存在何种转型端赖于其间的宪政问题是否以及在多大范围、多大程度上呈现出来。虽然 18 世纪英国政治颇为曲折动荡，但 18 世纪下半叶以降，随着汉诺威王室入主英国日久，渐渐摆脱了旧王朝的叛乱之于"光荣革命"之后所确立的宪政体制的危机，英国宪法开始步入相对从容的发展时期；但随即而来的种种政治问题进一步凸显了宪政问题的紧迫性、必要性和重要性。概而言之，18 世纪后期的英国宪法面临的主要问题有君主立宪体制中的王权的地位，愈演愈烈的政治激进主义浪潮，以及帝国的政治秩序与治理等几大层面。柏克于实际政治中所着力应对的，亦主要是这几大问题。

　　所谓君主立宪制下的王权问题，实际上是"光荣革命"限制王权的逻辑发展。"光荣革命"虽然实现了对王权的有效制约，确立了"王在议会"的立宪政体，但对王权的限制并未形成明确的制度机制，从而也就留下了王权继续滥用的可能性。威廉三世直至乔治二世治下虽然王权较为消极，但并不表明对王权的限制已然"大功告成"。事实上，威廉三世以降的各位国王除对议会至上的政治实践颇有怨言，亦在扩张王权上做过诸多尝试。乔治三世即位后，积极行使王权参与政治，在终结了 18 世纪上半叶的辉格党寡头政治的同时，亦开启了 18

世纪后期的政治动荡。乔治三世的所作所为，引发了辉格党人特别是柏克所属的罗金汉姆党一派的警觉，认为是其试图恢复个人统治的表现。在这一思想氛围下，柏克较为系统地阐述了"政党"这一旨在对抗王权滥用的宪政机制，在理论上为一直饱受蔑视的"政党"正名，诚可谓现代政党政治之先声，事实上为19世纪英国政党政府以及责任内阁的兴起奠定了理论基础。

18世纪后期英国政治的另一主题即为帝国。随着英国同欧陆列强在争夺全球各地殖民地的战争中获得胜利，一个世界性帝国的图景日益呈现。至此，自1707年英格兰苏格兰合并为联合王国以来，大不列颠开始作为一个帝国出现在世界政治秩序之中。帝国的崛起在带来巨额国民财富的同时，亦带来如何规范帝国之各部分之政治秩序以及如何实现对帝国的有效治理的挑战。在这一背景下，因为征税问题而引发的美洲问题、因为不当治理所导致的印度问题以及因为宗教所产生的爱尔兰天主教徒问题均属于英国的帝国问题之不同侧面。帝国的现实问题不断出现，拷问着现代英国的宪政智慧。柏克在实际政治中针对美洲问题、印度问题以及爱尔兰问题所提出的诸多对策性思考不仅有其现实意义，亦在思想层面有其普遍意义和价值。以美洲事务为例，柏克提出的是一种立宪主义的帝国论，即帝国应当将其自身的宪政秩序推而广之，通行于帝国全部；帝国与各部之间非比岛内之中央与地方，应在宪政的原则下充分尊重所属各部的自治权。

政治经济学是柏克政治思考的重要构成，更是现代宪政秩序发育不可或缺之要素。18世纪后期的英国政治经济学，对于整个经济社会的认识，是置于一个政治的制度和社会的结构之中来进行的，是要对于国家这个"政治动物"给予政治上的"解剖"，探讨的是"政治学如何成为一门科学"、政体与经济繁荣的关系，研究的是国民财富的性质和原因。柏克的政治经济学思考内涵十分丰富，围绕着财产权问题，一是强调财产权的稳定性，二是强调财产权的保障是政府的目的。此外，柏克的政治经济学的另一个维度就是高度重视政府的权威和作用。柏克的政治经济学中的这两大中心内容，正是早期现代的政治经济学参与到英国政制转型的代表。这种同时既注重有限政府即保障财产权利又同时高效行政的政府正是宪制政府的精义所在。作为英国的古典政治经济学传统的一员，柏克的政治经济学事实上参与到了早期现代英国宪政的发育，推动着英国宪政在18世纪后期的转型。

柏克的政治思考皆以英国宪政为中心，并且在理论上对英国宪法的内涵加以概括和总结。如果把孟德斯鸠对英格兰政制的观察是英国宪法的一个版本，而白芝浩和戴雪的"英国宪法"之义理是英国宪法的另一个版本，则柏克之于英国宪法的讨论同样可以视为是英国宪法的一个独立版本。这三个伟大的英国宪法版本，恰构成英国宪法历史的演进与成熟轨迹。在内容上，柏克强调英国宪法的历史基础，呈现出历史演进的宪政智慧；平衡的宪政结构同时亦反映着人民主权的时代精神；更为重要的是，英国宪法始终以自由为其内核。从英国历史的发展进程中观察，柏克之于英国宪法的思考，本质上为一"革命的反革命"的宪法哲学。所谓"革命"，即着眼于"光荣革命"的政治成果；所谓"反革命"，即同时又肯认时代的丰富蕴含，和对革命立宪之内在局限的敏锐把握。"革命的反革命"，就是要寻找一条宪政秩序成熟的中庸之道，既充分肯定革命的立宪意义，又不至于陷入继续革命的泥沼。在这个意义上，柏克的政治思考，在18世纪后期的英国宪政转型中最富教益。

柏克生平、著述年表

1727年6月11日，乔治一世驾崩，乔治二世继位。

1729年1月12日，出生于都柏林。

1735？—1740？ 主要和其母系亲戚生活在库克（Cork）郡。

1741年5月26日，进入基尔代尔（Kildare）郡巴尔的摩（Ballitore）的学校。

1744年4月14日，进入都柏林三一学院。

1747年4月23日，在伦敦中殿律师会馆注册。

1748年1月28日，编辑《改革者》杂志。

1748年2月23日，自三一学院毕业。

1756年5月18日，出版《自然社会辩》。

1757年3月12日，与简·玛丽·纳吉特结婚。

1758年2月9日，儿子理查德出生。

1758年12月25日，次子克里斯多夫出生，后夭折。

1758年12月25日，首次与约翰逊会面。

1759-1765，担任威廉·杰拉德·汉密尔顿秘书。

1760年10月25日，乔治二世驾崩，乔治三世继位。

1763年4月19日，接受爱尔兰总督津贴。

1764年4月10日，辞去爱尔兰津贴。

1765年7月13日，印花税法案通过。

1765年7月13日，罗金汉姆组阁。

1765年7月17日，罗金汉姆私人秘书。

1765 年 12 月 23 日，当选温多佛市下院代表。

1766 年 1 月 17 日，首次在下院发表演讲，谈论美洲问题。

1766 年 3 月 11 日，印花税法案取消，主权宣告法案通过。

1766 年 8 月 2 日，罗金汉姆内阁倒台。

1766 年 8 月 4 日，出版《对晚近一届短期政府的简要考察》。

1770 年 4 月 23 日，出版《论当前不满情绪之根源》。

1770 年 12 月 21 日，就任纽约总议会代表。

1773 年 1 月 12 日至 3 月 1 日，与其子理查德一同访问法国。

1774 年 10 月 11 日，当选布里斯托尔下院代表。

1775 年 1 月 10 日，出版《论课税于美洲》。

1775 年 5 月 22 日，出版《论与美洲的和解》。

1776 年 7 月 4 日，美国独立宣言发表。

1777 年 5 月 8 日，出版《致布里斯托尔长官书》

1780 年 10 月 17 日，当选莫尔顿下院代表。

1782 年 3 月 19 日，诺斯辞职，罗金汉姆上台。

1782 年 3 月 24 日，担任军需总务。

1782 年 7 月 1 日，罗金汉姆去世。

1783 年 9 月 3 日，提交《特别委员会的第九次报告》(Ninth Report of the Select Committee)。

1783 年 11 月 15 日，当选格拉斯哥大学名誉校长。

1783 年 12 月 19 日，威廉·皮特内阁成立。

1787 年 5 月 10 日，下院就正式弹劾沃伦·哈斯廷斯投票。

1788 年 2 月 13 日，开始审理哈斯廷斯。

1789 年 6 月 17 日，法国国民议会成立。

1789 年 7 月 14 日，法国巴士底狱被攻陷。

1790 年 2 月 8 日，在下院首次公开抨击法国革命。

1790 年 2 月 9 日，首次与福克斯就法国革命发生分歧。

1790 年 11 月 1 日，出版《法国革命反思录》。

1791 年 5 月 6 日，在下院发表同福克斯断交的演讲。

1791 年 5 月 21 日，出版《致一位国民议会议员的信》。

1791 年 8 月 3 日，出版《新辉格党致老辉格党之呼吁》（*An Appeal from the New to the Old Whigs*）。

1792 年 8 月 10 日，出版《致赫拉克勒斯·兰格里什爵士书》（*Letter to Sir Hercules Langrishe*）。

1793 年 1 月 21 日，路易十四被处死。

1793 年 2 月 1 日，法国向英国宣战。

1793 年 2 月 28 日，退出辉格俱乐部（Whig Club）。

1793 年 10 月 16 日，法国皇后玛丽·安托瓦内特（Marie Antoinette）被处死。

1794 年 6 月 21 日，自下院退休。

1794 年 7 月 17 日，理查德·柏克当选为莫尔顿（Molton）下院议员。

1794 年 8 月 2 日，理查德·柏克去世。

1795 年 4 月 5 日，巴塞尔（Basel）条约签署。

1795 年 9 月 25 日，接受王室津贴。

1796 年 2 月 24 日，出版《致某贵族书》（*Letter to a Noble Lord*）。

1796 年，10 月 5 日，西班牙向英国宣战。

1797 年 10 月 20 日，出版《弑君者之和平二论》（*Two Letters on a Regicide Peace*）。

1797 年 7 月 9 日，柏克去世。

1797 年 7 月 15 日，葬于贝康斯菲尔德教区教堂（Beaconsfield Parish Church）。

1798 年，威廉·柏克去世。

1812 年，柏克妻子简·柏克去世。

作者简介

张伟（1984—），河南罗山县人，2009 年毕业于郑州大学法学院，获法学硕士学位；2012 年毕业于北京航空航天大学法学院（法律科学与管理专业），获管理学博士学位；现为北京市朝阳区人民检察院助理检察员，北京航空航天大学人文与社会科学高等研究院研究员（兼），主要研究方向为法理学、宪法学、刑事法制等；著有《现代中国的法治之路》（合著）。

治道文丛

建国之道——周易政治哲学　姚中秋 著

道统与治体——宪制会话的文明启示　任　锋 著

治道的历史之维——明代政治世界中的儒家　任文利 著

儒家与宪政论集　杜维明、姚中秋、任锋等 著，任锋、顾家宁 编

法政文丛

政治宪法学纲要　高全喜 著

代议制的基本原理　翟志勇 主编

中国宪制转型的政治宪法原理　田飞龙 著

埃德蒙·柏克与英国宪政转型　张　伟 著